www.ingramcontent.com/pod-product-compliance
Lightning Source LLC
Chambersburg PA
CBHW072154060526
44654CB00046B/1290

* 9 7 8 9 3 5 8 7 2 4 8 3 7 *

مولانا آزاد کے تین

خطباتِ بہاولپور

مولانا ابوالکلام آزاد

Maulana Azad ke 3 Khutbaat-e-Bahawalpur

by: Maulana Abul Kalam Azad

Edition: January '2024

Publisher :

Taemeer Publications LLC (Michigan, USA / Hyderabad, India)

کتاب	:	**مولانا آزاد کے تین خطباتِ بہاولپور**
مصنف	:	**مولانا ابوالکلام آزاد**
کمپوزنگ	:	جاوید اقبال (اردو محفل)
پروف ریڈنگ / تدوین	:	اعجاز عبید
صنف	:	مذہب
ناشر	:	تعمیر پبلی کیشنز (حیدرآباد، انڈیا)
سالِ اشاعت	:	۲۰۲۴ء
صفحات	:	۱۳۰
سرورق ڈیزائن	:	تعمیر ویب ڈیزائن

فہرست

خطبہ نمبر ۳

محترم وائس چانسلر صاحب! محترم اساتذہ! محترم بھائی بہنو!

السلام علیکم ورحمۃ اللہ وبرکاتہ!

الحمد للہ رب العالمین والصلوٰۃ والسلام علی سید المرسلین و آلہ واصحابہ اجمعین

ان تقریروں کا جو سلسلہ شروع ہوا ہے، اس سلسلے میں آج تیسری تقریر علم فقہ کے متعلق ہے۔ اور یہ ترتیب کہ اولاً قرآن کریم، پھر حدیث اور پھر فقہ، اس لیے اختیار کی گئی ہے کہ فقہ مبنی ہے ان دو سابقہ چیزوں پر۔ یعنی پہلے معلوم ہونا چاہیے کہ قرآن کیا چیز ہے؟ اور وہ کس طرح ہم تک پہنچے ہیں تاکہ یہ معلوم ہو جائے کہ ہمارا دین، ہماری فقہ اور ہمارا قانون، جن دو چیزوں پر مبنی ہیں وہ اس قدر قابل اعتماد بھی ہیں یا نہیں کہ ان کو ایک غیر جانبدار انسان قبول کر سکتا ہو۔

میں سمجھتا ہوں کہ گزشتہ دو تقریروں سے آپ کو اندازہ ہو گیا ہو گا کہ اپنے دین کے ماخذوں کے متعلق ہم مسلمانوں کو کسی سے شرمانے کی ضرورت نہیں۔ جس طرح قرآن اور حدیث ہم تک پہنچے ہیں اس سے زیادہ احتیاط کے ساتھ دنیا کی کسی اور قوم کی اساسی چیزیں ان تک نہیں پہنچیں۔ اب ہمیں یہ دیکھنا ہے کہ ان دونوں قابل اعتماد ماخذوں سے مسلمانوں نے اپنا قانون کس طرح بنایا اور وہ کس طرح آج تک چلا آرہا ہے۔ ایک چیز کا آپ سے شروع ہی میں ذکر کرتا ہوں کہ قرآن مجید اپنی معجزانہ حیثیت کے باوجود، کہ وہ خدا کا کلام ہے، اور حدیث اپنی الہامی حیثیت کے باوجود کہ پیغمبر خدا کی طرف سے الہام شدہ باتیں ہی بیان کرتا ہے اور خدا علام الغیوب ہے، صرف قرآن اور

حدیث کے ناکافی ہونے کی صورت میں کیا کیا جائے؟ چنانچہ میں آپ کو دوبارہ یاد دلاؤں گا اور حضرت معاذ بن جبلؓ کے واقعے کی طرف توجہ دلاؤں گا۔ وہ ایک مشہور صحابی گزرے ہیں، اور انہیں لمبی عمر ملتی تو صحابہ میں غالباً سب سے بڑے فقیہ ہوتے، بہر حال ابھی وہ نوجوان تھے لیکن ان کی ذہانت کے باعث رسول اللہ ﷺ نے ان کو گورنر بنا کر یمن بھیجا۔ آخری وقت باریابی میں حضور ﷺ نے ان سے پوچھا کہ اے معاذ! تم اپنے فیصلے کس طرح کیا کرو گے؟ انہوں نے جواب دیا "بکتاب اللہ" (اللہ تعالی کی کتاب کے مطابق) جواب صحیح تھا لیکن حضور ﷺ نے پوچھا اگر اس میں نہ پاؤ تو؟ میرا اشارہ اصل اس نکتے کی طرف ہے کہ خود رسول اللہ ﷺ بھی فرماتے ہیں کہ قرآن کریم عام حالات میں تو نہیں لیکن کسی خاص حالت میں ناکافی معلوم ہوتا ہے۔ اس لیے حضور انور ﷺ فرماتے ہیں کہ اگر تم مطلوبہ چیز اس میں نہ پاؤ تو تم کیا کرو گے؟ حضرت معاذ بن جبلؓ نے جواب دیا "بسنۃ رسول اللہ" (رسول اللہ کی سنت کے مطابق عمل کیا کروں گا) یہ جواب بھی صحیح تھا مگر حدیث و سنت کی اِلہامی کیفیت کے باوجود رسول اللہ ﷺ فرماتے ہیں "فان لم تجد" (اگر تم اس میں بھی نہ پاؤ تو تم کیا کرو گے؟) تو اس پر وہ فرماتے ہیں "اجتھد برایی ولا الو" (یعنی میں اپنی رائے کے مطابق کوشش کروں گا اور استنباط مسائل کے لیے کوئی دقیقہ فروگزاشت نہیں کروں گا)۔ اس جواب پر حضور ﷺ اس قدر خوش ہوئے کہ آسمان کی طرف ہاتھ اٹھا کر کہا "اے اللہ تیرے رسول ﷺ نے جو چیز بیان کی ہے اس پر میں خوش ہوں" یعنی دعائے برکت دی اور اس کو قبول کیا اور برقرار رکھا کہ یہی طریقہ ہونا چاہیے، انسانی نقطہ نظر سے۔ اگر قرآن مجید اور حدیث ناکافی ثابت ہو تو ممکن ہے مسلمانوں کی قوم بے بس ہو جاتی اور اپنی ضروریات پورا نہ کر سکتی، جو ایک قیامت تک چلنے والے دین کے لیے نامناسب ہوتا۔ اس لیے رسول ﷺ

نے خود ہمیں بتا دیا کہ اگر قرآن وحدیث میں نہ ملے تو اجتہاد کرو۔ میں اس کی طرف بعد میں رجوع کروں گا کہ اجتہاد کے معنی کیا ہیں۔

فقہ ایک عربی لفظ ہے جس کے لغوی معنی ہیں "جاننا" اور اس کے اصطلاحی معنی ہیں "قانون"۔ قرآن مجید میں قانون کے متعلق ایک بہت ہی لطیف انداز میں ذکر آیا ہے جس سے معلوم ہوتا ہے کہ قرآن کا تصور قانون کیا تھا۔ وہ آیت یہ ہے:

مَثَلًا كَلِمَةً طَيِّبَةً كَشَجَرَةٍ طَيِّبَةٍ أَصْلُهَا ثَابِتٌ وَفَرْعُهَا فِي السَّمَاءِ (۱۴:۲۴)

(اچھی بات کی مثال ایک اچھے درخت کی طرح ہے اس کی جڑ تو زمین میں گڑی ہوئی رہتی ہے لیکن اس کی شاخیں آسمان تک پھیلی ہوتی ہیں۔) دوسرے الفاظ میں قانون کی بنیاد بیج جیسی چھوٹی سی چیز کی طرح ہے لیکن اس سے جو درخت نکلے گا وہ آسمان تک پھیل جائے گا اور اس کی شاخیں ہر چیز کو ڈھانپ سکیں گی۔ چنانچہ واقعہ یہی ہے کہ اگر ہم قرآن اور حدیث کو جڑیں یا بیج تصور کریں تو اس جڑ یا بیج سے نکلا ہو درخت اتنا تناور اور اتنا شاخ در شاخ پھیل گیا ہے کہ انسان کی ہر ضرورت کو، اور قیامت تک کے مسلمانوں کے آنے والی نسلوں کو جدید ضرورتوں کو پورا کرنے کے قابل ہے اور ظاہر ہے شاخ در شاخ روزانہ اس درخت میں اضافہ ہی ہوتا جاتا ہے۔ ان حالات میں شاید مناسب معلوم ہو گا کہ میں تمہید کے طور پر اسلامی قانون کا دیگر ممالک کے قانون سے موازنہ کروں۔

محققین اور مؤرخین کا بیان ہے کہ دنیا کی سب سے بڑی قانون ساز قوم رومیوں کی گزری ہے اور ان کے برابر کسی قوم نے قانون کی خدمت نہیں کی۔ یورپ کی حد تک یہ صحیح ہو گا کیونکہ رومیوں سے پہلے یورپ میں جو قومیں گزری ہیں، ان میں شاید یونانی سب سے زیادہ ممتاز تھے، سب سے بڑی ممتاز قوم رومیوں سے پہلے یونانیوں کی گزری ہے۔ یونانیوں نے بہت سے علوم کی خدمت کی لیکن قانونی نقطہ نظر سے ان کے ہاں کوئی

زیادہ وقیع چیز نہیں ملتی۔ لہٰذا ہمیں یہ اعتراف کرنا پڑتا ہے کہ یورپ میں رومیوں نے قانون کی واقعی بڑی خدمت کی۔

رومی قانون کا مشہور مؤرخ، کولی لکھتا ہے کہ رومی قانون پہلے بالکل ابتدائی قسم کا (Primitive) تھا۔ وہ کھلے دل سے یہ اعتراف کرتا ہے کہ رومیوں کی سلطنت توسیع پا کر جب ایشیا میں پہنچی تو اس وقت وہاں کے قانون سے متاثر ہو کر رومیوں نے اپنے قانون میں اصلاحیں کیں۔ چنانچہ رومی قانون کا جو قدیم ترین مصنف گزرا ہے یعنی گائیس GAIUS وہ ایشیائے کوچک یعنی موجودہ ترکی کا باشندہ تھا، یورپین نہیں تھا۔ بعد میں اس قانون کی توسیع اس بنا پر عمل میں آئی کہ رومی سلطنت یورپ، افریقہ اور ایشیا کے براعظموں میں پھیل گئی تھی، اور مختلف قوموں پر وہ حکومت کرتے تھے۔ اس لیے انہیں اپنے قانون میں بہت سے اضافے، تبدیلیاں اور ترمیمیں کرنا پڑیں اور اس قانون نے بے شک ترقی کی۔ اس ترقی یافتہ قانون کو رسول ﷺ کی ولادت سے چار پانچ سال پہلے فوت ہونے والے حکمران جسٹینین (Justinian) نے مدوّن کرنے کی کوشش کی تھی۔ ہم ایک اعتبار سے جسٹینین کے مجموعہ قوانین کا مقابلہ فتاوائے عالمگیری سے کر سکتے ہیں۔ اورنگ زیب عالمگیر، علم دوست بادشاہ ضرور تھے، لیکن عالم یا فقیہ نہیں تھے۔ یہی حال جسٹینین کا ہے۔ وہ بہت ذہین بادشاہ تھا لیکن خود ماہرِ قانون نہ تھا۔ اس نے عالموں کی سرپرستی کی اور انہیں ملک میں پائے جانے والے سارے قوانین پر، جن کے بعض اجزاء میں تضاد پایا جاتا تھا، نظر ثانی کی دعوت دی۔ اس طرح ایک کوڈ یا مجموعہ قوانین مرتب ہوا۔ یورپ میں یہ ایک قابل فخر چیز ہے۔ اس میں شک نہیں کہ یہ قانون دلچسپ ہے۔ اس میں بہت سی چیزیں ایسی ہیں جو آج بھی قابل عمل ہیں اور ان میں ردّ و بدل کی ضرورت پیش نہیں آئے گی۔ لیکن اس قانون کی اساس یہ ہے کہ انسان خود

قانون ساز ہے۔ یعنی ایک انسان دوسرے انسان کے بنائے ہوئے قانون قبول بھی کر سکتا ہے اور ان کو رد بھی کر سکتا ہے، نتیجہ یہ ہے کہ اس قانون میں استحکام (Stability) نہیں رہا۔ چنانچہ ہمارے مؤرخ بیان کرتے ہیں کہ خود Justinian نے اپنی تیس بتیس سالہ حکومت میں، اپنے ہی تیار کردہ قانون میں اتنی تبدیلیاں کیں کہ وہ کچھ سے کچھ ہو گیا۔ اس کے برخلاف اگر قانون کی اساس اللہ کے احکام ہیں تو اس میں استحکام اور پائیداری ہو گی، جو انسانی قانون کے اندر نہیں ہو سکتی۔ کیونکہ ایک انسان دوسرے انسان کو اپنے ہی برابر سمجھتا ہے، اس پر اعتراض کرنے کی جسارت کرتا ہے اور اس کے خلاف رائے دینے کی ہمت کرتا ہے۔ دیگر ممالک میں بھی ہمیں یہ چیز نظر آتی ہے۔ لیکن سارے قوانین سے موازنہ کرنے کا موقع نہیں کیونکہ وقت کم ہے۔

غرض جب رسول ﷺ مبعوث ہوئے تو اس وقت دنیا کے سامنے ایک قانونی چیلنج تھا کہ اگر تم میں ہمت ہے تو اس رومی قانون سے بہتر قانون بناؤ۔ اس چیلنج کا ہمارے پیغمبر ﷺ نے جواب دیا اور وہ قانون بنایا جو جسٹینین کے قانون سے بھی حقیقتاً بہتر تھا۔ اس میں وہ کمزوری بھی نہیں ہے جو Justinian کے قانون میں تھی بلکہ استحکام، استقامت اور پائیداری بھی ہے۔ اسلامی قانون میں جو وسعت اور ہمہ گیری ہے وہ رومی قانون میں نہیں ہے۔ مثلاً جسٹینین کے کوڈ میں دینی امور اور عبادات کا قطعاً کوئی ذکر نہیں ہے۔ اسی طرح اور بہت سی چیزیں جو اسلامی قانون میں ملتی ہیں، وہاں نظر نہیں آتیں۔ اگر کوئی شخص جانبداری سے رومی قانون اور اسلامی قانون کا موازنہ کرے تو وہ یقیناً یہ تسلیم کرنے پر مجبور ہو جائے گا کہ اسلامی قانون ہی بہتر ہے۔ میں نے چند ابواب کی حد تک رومی اور اسلامی قواعد کا تفصیلی مقابلہ کیا ہے اور ذاتی علم کی بنا پر یہ دعویٰ کر رہا ہوں۔

اب ہم یہ دیکھیں گے کہ اسلامی قانون کس طرح بنا؟ اسلامی قانون ربانی وحی کے ذریعے سے آئے ہوئے اوامر کی تبلیغ کے سلسلے میں رسول ﷺ کے دیے ہوئے احکام پر مشتمل ہے۔ ان احکام کا کچھ حصہ آپ نے املا کرایا اور کہا کہ یہ اللہ کا حکم یعنی قرآن ہے، تم اسے زبانی یاد کرو، اسے نمازوں میں پڑھو، کبھی نہ بھلاؤ۔ اسی طرح آپ ﷺ نے اور احکام بھی دیے جو (وَمَا يَنطِقُ عَنِ الْهَوَىٰ () إِنْ هُوَ إِلَّا وَحْيٌ يُوحَىٰ سورۂ نجم ۵۳ آیت ۳ تا ۴) کے مطابق اگرچہ ربانی وحی پر ہی مشتمل تھے لیکن قرآن میں داخل نہیں کیے گئے۔ ان کو سنّت بھی کہتے ہیں۔ اللہ کے احکام، اللہ کے پیغمبر کے احکام یعنی حدیث و سنت، یہ دونوں چیزیں ایک دن میں مدوّن نہیں ہوئیں۔ جیسا کہ میں نے آپ سے بیان کیا قرآن مجید نازل ہوتے ہوئے (۲۳) سال لگے۔ یہی حال اور یہی مدّت حدیث کی بھی ہے۔ لیکن شروع میں کچھ بھی نہ تھا لوگ مسلمان ہونے لگے تھے اور ان کی تعداد میں روز بروز اضافہ ہوتا رہا۔ سوال یہ پیدا ہوتا ہے کہ اگر قانون کے معنی ہیں "طرزِ عمل" یا "اصولِ کار" تو ابتداء میں اسلامی قانون کیا تھا، کیونکہ اس وقت سوائے "سورۂ اقراء" کی پہلی پانچ آیتوں کے کوئی چیز موجود نہ تھی۔ اس کا جواب بہت سادہ ہے۔ اسلامی اصول یہ ہے کہ جس چیز کی ممانعت نہ کی جائے وہ مباح ہے۔ دوسرے الفاظ میں مکہ معظمہ ہی کے کافرانہ معاشرے میں بت پرستی کے سوا، جو بھی معاشرتی رسم و رواج تھے اور جو بھی عرف و عادت پائی جاتی تھی، اس پر عمل کرنے کی مسلمانوں کو اجازت تھی، آپ کو شاید برا لگے لیکن واقعہ یہ ہے کہ ابتداء میں مسلمان شراب بھی پی سکتے تھے اس لیے کہ شراب ابھی حرام نہیں ہوئی تھی۔ دوسرے الفاظ میں اسلامی قانون شروع ہوتا ہے شہر مکہ کے رسم و رواج سے، اور اس رسم و رواج میں رفتہ رفتہ ترمیم اور تبدیلی ہوتی گئی۔ قرآن و حدیث کے احکام کے مطابق قدیم رسم و رواج میں جو تبدیلی ہوئی وہ ۲۳ سال کے عرصے

میں ترجیحی بنیادوں پر ہوئی کہ کن چیزوں کو سب سے پہلے منسوخ کیا جائے، ان کے بعد کن چیزوں کو، ان کے بعد کن چیزوں کو، اور کن نئی چیزوں کا اضافہ کیا جائے، ظاہر ہے کہ مکے کے رسم ورواج کے متعلق اسلام کے امتناعی اور اصلاحی احکام کا سب سے پہلا عنصر، سب سے پہلی چیز بت پرستی کی مخالفت تھی۔ یعنی اللہ ایک ہے۔ بتوں کی پرستش نہ کرو۔ اللہ کا کسی کو شریک نہ بناؤ۔ عقائد کے متعلق ایک چیز اور بھی تھی کہ ہماری زندگی کا تعلق صرف اسی دنیا سے نہیں بلکہ اس کے بعد آخرت کی زندگی بھی ہے۔ مرنے کے بعد حساب کتاب دینے کے لیے اللہ ہمیں دوبارہ زندہ کرے گا اور ہمارے نیک و بد اعمال کے مطابق ہمیں جزا یا سزا دے گا۔ یہ بالکل ابتدائی چیزیں تھیں۔ اللہ پر ایمان اور قیامت پر ایمان۔ ایک چیز اور تھی کہ جب اللہ کو ہم ایک مانتے ہیں اور اسے اپنا مالک اور خالق جانتے ہیں تو اس کے متعلق ہمیں اپنے فرائض کس طرح انجام دینے چاہئیں۔ ظاہر ہے کہ اللہ ہمارا محتاج نہیں بلکہ ہم اللہ کے محتاج ہیں۔ لہٰذا اللہ کی بندگی اور شکر گزاری بھی ہمارا فرض ہے۔ اس فرض کی ادائیگی کے لیے نماز کی تاکید کی گئی۔ چنانچہ نماز اور عقائد یہ دو عنصر تھے جو شروع میں آئے۔ پھر رفتہ رفتہ دیگر امور کا اضافہ ہوتا گیا میں یہ کہنا چاہتا ہوں کہ اسلامی قانون کا ماخذ قرآن و حدیث تو ہے لیکن ان کے ساتھ ساتھ، بلکہ ان سے کچھ پہلے ہی شہر مکہ کا رسم و رواج بھی اسلامی قانون تھا۔ یہ رسم و رواج ایک عارضی ماخذ کی حیثیت رکھتا ہے۔ کیونکہ قرآن و حدیث جو باضابطہ ماخذ قانون تھے ان میں یہ بھی قوت تھی کہ اس غیر اہم یا غیر دوامی عنصر یعنی رسم و رواج کو منسوخ کر سکے۔ اس سے انکار کیے بغیر کہنا یہ پڑتا ہے کہ پہلا ماخذ ملک کا رسم و رواج تھا۔ دوسرا باضابطہ ماخذ قرآن اور حدیث ہیں۔ لیکن حضرت معاذ بن جبلؓ سے متعلق مشہور حدیث سے یہ ظاہر ہے کہ عہد نبوی ہی میں قرآن و حدیث کے علاوہ اجتہاد کو بھی ایک تیسرے ماخذ قانون کی حیثیت حاصل

تھی۔

ہمارے پاس اصول فقہ کی کتابوں میں اور ماخذ بھی بیان ہوتا ہے جسے اجماع کا نام دیتے ہیں، یعنی کسی بات پر علماء امت کا متفق ہو جانا، عہد نبوی میں اس کی ضرورت ہی نہیں تھی اس لیے کہ اگر کوئی سوال پیدا ہوتا تو لوگ فوراً رسول ﷺ سے رجوع کرتے تھے۔ رسول ﷺ فیصلہ فرما دیتے جو قطعی اور آخری ہوتا۔ آپس میں مشورہ کر کے کسی پر متفق ہونے کا کوئی سوال ہی پیدا نہ ہوتا تھا۔ اس پہلو پر مزید گفتگو بعد میں ہو گی۔

ان ماخذوں کے ساتھ ساتھ عہد نبوی میں ایک اور چیز بھی ملتی ہے جو آئندہ بھی ہمیں کام آسکتی ہے، اسے ہم "معاہدہ" کہہ سکتے ہیں۔ یعنی اگر کسی دوسرے ملک سے اور کسی دوسری حکومت سے ہم معاہدہ کر لیں اور بعض شرطیں قبول کر لیں، کہ ہم یہ کیا کریں گے اور تم یہ کرو گے۔ تو جب تک وہ معاہدہ برقرار رہے گا، وہ پابندیاں یا وہ شرطیں جو ہم نے قبول کی تھیں، ہمارے قانون کا جزو بن جائیں گی اور ہمارے لیے واجب التعمیل رہیں گی۔ دوسرے الفاظ میں یہ معاہداتی پابندیاں اور معاہدے کے ذریعے سے قبول کی ہوئی شرطیں اسلامی قانون ہیں، لیکن غیر تابدی اور عارضی۔ جب تک معاہدہ برقرار رہے گا، وہ شرطیں ہمارے قانون کا جزو رہیں گی۔

ایک اور ماخذ قانون جو عہد نبوی میں پایا جا سکتا تھا لیکن مجھے اب تک عہد نبویؐ میں اس کی کوئی مثال نہیں مل سکی۔ قدیم ترین مثال جو مجھے اس کی ملی ہے، وہ حضرت عمرؓ کے زمانہ خلافت کے ایک واقعے سے متعلق یہ اصول مماثلت (Reciprocity) جس میں معاہدے کے بغیر غیروں کے احکام ہمارے قانون میں داخل ہو جائیں۔ پہلے میں اس واقعے کو بیان کرتا ہوں جس سے آپ کو خود اندازہ ہو جائے گا کہ 'مماثلت' جو اس کا نام دیا گیا ہے کیا چیز ہے؟ ایک دن خلیفہ وقت حضرت عمرؓ کے پاس سرحد کے علاقے کا ایک

گورنر خط بھیجتا ہے کہ ہمارے سرحد کے باہر جو بیزنطینی (رومن) وغیرہ ہیں، ان کے یہاں کے تاجر ہمارے ملک میں آنا چاہتے ہیں، اور ہمارے ملک میں تجارت کرنا چاہتے ہیں۔ احکام دیجئے کہ ان سے ہم کس اساس پر چونگی وصول کریں؟ اس گورنر کو کوئی علم نہیں تھا کہ اسلامی قانون چونگیوں کے متعلق کیا ہے؟ اس نے قرآن دیکھا، قرآن میں اس کا کوئی ذکر نہیں ملا اور اس بارے میں اسے کوئی بھی معلومات نہیں تھیں۔ حضرت عمرؓ نے جواب دیا کہ جس علاقے کے لوگ آئیں، اگر اس علاقے میں مسلمان تاجر جاتے ہیں تو جس نرخ پر ان سے چونگی لی جاتی ہے، اسی نرخ پر تم لے لو یہ reciprocity یعنی مماثلت کا قانون ہے۔ اس سے پہلے بیزنطینی حکومت سے اس قسم کا کوئی معاہدہ نہیں تھا۔ اس کے باوجود حضرت عمرؓ یہ فیصلہ کرتے ہیں کہ اس علاقے میں جس شرح سے چونگی لی جاتی ہے، اسی شرح سے وہاں والوں سے ہمارے یہاں چونگی لی جائے گی۔

ان ماخذوں کے علاوہ ایک ماخذ، جس کا کچھ پہلے ذکر کرنا چاہیے تھا، وہ قرآن مجید میں مذکور ہے۔ "سورہ انعام" میں ایک مقام پر تقریباً پچیس پیغمبروں کے ناموں کی ایک طویل فہرست ہے۔ اس فہرست کے دینے کے بعد یہ آیت ہے: (اُولٰئِکَ الَّذِینَ ھَدَی اللّٰہُ فَبِھُدَاھُمُ اقْتَدِہْ) (۶:۹۰) (یہ وہ لوگ ہیں جن کو اللہ نے ہدایت دی ہے، اس لیے (اے محمدؐ) آپ بھی ان کی پیروی کریں) تاریخی نقطہ نظر سے اس اہم آیت کا مفہوم یہ ہے کہ اللہ نے حضرت آدم علیہ السلام کے زمانے سے لے کر پیغمبر اسلام کے زمانے تک اپنے پیغمبروں کے ذریعے سے جو پیغام بھیجے ہیں، وہ بھی خدائی احکام ہیں، اور وہ بھی ویسے ہی قابل تعظیم ہیں، جیسے پیغمبر اسلام پر نازل شدہ قوانین (لَانُفَرِّقُ بَینَ اَحَدٍ مِّن رُّسُلِہٖ) (۲:۲۸۵) (سب پیغمبر مساوی رتبہ رکھتے ہیں بحیثیت پیغمبر کے) تو حکم دیا جاتا ہے کہ سابقہ پیغمبروں کے قوانین بھی واجب

التعمیل ہیں، اور پیغمبر اسلام کو اس پر عمل کرنا چاہیے۔ لیکن ظاہر ہے کہ اس حکم کے ساتھ کچھ شرطیں ہوں گی۔ قانون ساز اللہ کی ذات ہے۔ اس نے اگر حضرت آدم علیہ السلام یا حضرت موسیٰ علیہ السلام کو کچھ احکام دیے، تو وہی قانون ساز اس میں کچھ ترمیم اور تبدیلی بھی کر سکتا ہے۔ دوسرے الفاظ میں اگر خدا نے ہمارے پیغمبر کو حکم دیا کہ تم اپنے سے پہلے پیغمبروں مثلاً حضرت موسیٰ علیہ السلام یا حضرت عیسیٰ علیہ السلام کے احکام میں سے فلاں چیز پر عمل نہ کرو بلکہ یوں کرو، تو پرانا قانون واجب التعمیل نہیں رہے گا۔ بلکہ جدید حکم پر عمل کرنا ہوگا۔ دوسری شرط اس قانون سے متعلق یہ ہوگی کہ اس کا علم، ہمیں قابل اعتماد صورت میں پہنچے کہ یہ چیز حضرت آدم علیہ السلام کی شریعت میں تھی، یہ چیز حضرت ابراہیم علیہ السلام کی شریعت میں تھی، یہ چیز حضرت موسیٰ علیہ السلام کی شریعت میں تھی۔ اگر کسی حکم کا قابل اعتماد ثبوت ملے تو واجب التعمیل ہوگا ورنہ نہیں۔ چنانچہ حدیث میں ایسی باتوں کا ذکر ملتا ہے اور قرآن میں بھی ایسی آیتیں ہیں کہ فلاں چیز حضرت موسیٰ علیہ السلام کے قانون میں تھی، فلاں چیز حضرت ابراہیم علیہ السلام کے قانون میں تھی، تو اس پر ہم عمل کریں گے۔ مگر اس میں دشواری یہ پیدا ہوگئی ہے کہ خود قرآن مجید میں یہ الزام لگایا گیا ہے کہ یہود اور نصاریٰ اپنی کتاب میں تحریف کرتے ہیں۔ ان حالات میں کہ براہ راست حضرت موسیٰ علیہ السلام یا حضرت عیسیٰ علیہ السلام کا قانون ہم تک قابل اعتماد صورت میں پہنچا ہے لہٰذا ہم ان کی کتابوں کے احکام پر عمل کرنے کی جسارت نہیں کر سکتے جب تک کہ ان کے کسی حکم کے متعلق ہمیں کسی اور ذریعے سے اس بات کا ثبوت نہ مل جائے کہ وہی صحیح اور قابل اعتماد ہے۔

جیسا کہ میں بیان کر رہا تھا۔ اسلامی قانون کے جو متعدد ماخذ ہیں ان میں سابقہ پیغمبروں کی شریعتیں بھی داخل کرنے کی ضرورت ہے۔ ایک مثال آپ کو دیتا ہوں جس

سے میرا مفہوم شاید زیادہ واضح ہو جائے گا۔ قرآن مجید کی "سورۂ نور" میں زنا کی سزا سنائی گئی ہے کہ ایک سو دُرّے لگائے جائیں اور اسلامی قانون میں پیغمبر اسلام کے عمل کی بنا پر شادی شدہ لوگوں کے زنا کرنے کی صورت میں "رجم" یعنی پتھراؤ کرنے کا بھی ذکر ملتا ہے۔ اب سوال یہ پیدا ہوتا ہے کہ یہ جو "رجم" کرنے کا حکم ہے یعنی کسی مجرم کو پتھر مار کر سزائے موت دینا اس کی اساس کیا ہے، چونکہ قرآن مجید میں اس کا ذکر نہیں ہے، اس لیے بہت سے لوگوں کو بدگمانی ہو سکتی ہے، شاید ہوئی بھی ہے کہ "رجم" کا قانون اسلام میں نہیں پایا جاتا۔ صرف سو دُرے لگائے جائیں، یہی کافی ہے، اگر آپ غور کریں تو نظر آئے گا کہ ایسا نہیں ہے، بلکہ قرآن مجید میں بالواسطہ طور پر اس قانون کا حکم ہے کہ "رجم" کیا جائے۔ وہ واسطہ یہ ہے کہ قرآن نے کہا ہے تم سے پہلے کے جو پیغمبر گزرے ہیں، ان کے قانون پر عمل کرو اور "رجم" کے متعلق قانون توریت میں موجود ہے، انجیل میں بھی موجود ہے، جو کتابیں آج کل ہمیں عیسائیوں اور یہودیوں کی شائع کردہ ملتی ہیں، ان میں بھی یہ قانون آپ کو ملے گا۔ اس قانون کی صحت ہمارے پیغمبر نے قبول کر کے اس کی توثیق بھی کی ہے کہ یہ قانون تھا۔ اگر قرآن میں اس کا ذکر نہیں ہے تو اس کے معنی یہ ہیں کہ قرآن نے اس قانون کو منسوخ نہیں کیا، اور جب منسوخ نہیں کیا تو اس کے معنی یہ ہیں کہ یہ برقرار ہے، جب وہ برقرار ہے تو ہمارا قانون ہے۔ ہمارا بنایا ہوا نہیں، خدا کا بنایا ہوا قانون ہے اور ہمارے لیے واجب التعمیل ہے۔ چنانچہ توریت میں شادی شدہ لوگوں کے زنا سے متعلق صراحت سے ذکر ہے کہ ان کو رجم کیا جائے۔ لیکن غیر شادی شدہ لوگوں کے زنا سے متعلق توریت میں حکم ہے کہ ان کو صرف مالی جرمانہ کیا جائے، اور کچھ نہیں۔ اس قانون کو قرآن نے منسوخ کر دیا۔ صرف جرمانے پر اکتفا کرنا، بداخلاقی میں اضافہ کرنا ہے۔ اس کو ایک زیادہ روکنے والی چیز کی ضرورت ہے۔ لہٰذا حکم ہوا کہ

ایک سو دُرے لگائے جائیں۔ جب ہم دیکھتے ہیں کہ قرآن مجید میں ایک پرانے قانون کے ایک جز کو سکوت کے ذریعے بر قرار رکھا گیا اور دوسرے حصے کو صراحت کے ساتھ منسوخ کیا گیا، تو وہ اسلامی قانون ہوئے اور دونوں پر عمل واجب ہے۔ یہ تھا میرا منشاء کہ پرانے انبیاء کی شریعت، مسلمانوں پر واجب التعمیل ہے، دو شرطوں کے ساتھ، ایک تو ان میں ترمیم یا تبدیلی قرآن نے نہ کی ہو اور دوسرے یہ کہ ان کا ہم تک پہنچنا قابل اعتماد وسائل سے ہوا ہو۔

اب ہم اسلامی قانون کی ترقی کے متعلق ایک اور پہلو کو لیں گے۔ قانون کا کچھ حصہ صراحت کے ساتھ قانون ساز یعنی خدا اور رسول اللہ ﷺ ہم تک پہنچاتے ہیں۔ اس میں گویا انسان کے بنانے کا کوئی سوال ہی نہیں ہے لیکن اگر کسی وقت قرآن وحدیث میں سکوت ہو، جیسا کہ میں نے ابھی معاذ بن جبلؓ کی حدیث کے ذریعے سے آپ کو بتایا تو ایسے حالات میں ہم کو اجتہاد کرنے کی ضرورت ہے۔ یعنی سوچ کر، اپنی عقل سلیم کے لحاظ سے ہو کوئی قاعدہ استنباط کریں جو ہمیں مناسب معلوم ہو اور ہماری عقل اور ہمارا ضمیر اس کو قبول کرنے کے لیے تیار ہو۔ یہ کام قانون کے ماہرین ہی کر سکتے ہیں۔ فرض کیجیے ایک طبیب ہے، اس کا قانون سازی سے کوئی علاقہ نہیں۔ ایک روٹی پکانے والا نانبائی ہے، اس کو قانون سازی سے کوئی تعلق نہیں وغیرہ وغیرہ۔ قانون سازی کا کام قانون کے متخصصین ہی کر سکتے ہیں، کوئی اور نہیں۔ لہٰذا ہم دیکھیں گے کہ اسلامی معاشرے میں قانون بنانے کا کام کون کرتے ہیں اور قانون کو سمجھنے اور سمجھانے کا کام کون کرتے ہیں؟ یہ وہ لوگ ہیں ایک تو حاکم عدالت اور دوسرے جسے ہم مفتی کا نام دیتے ہیں یعنی اس سے پوچھتے ہیں کہ اس بارے میں کیا قانون ہے اور وہ ہمیں بتاتا ہے کہ اسلامی قانون یہ ہے یا یہ ہونا چاہیے، لیکن مفتی اس کا نفاذ نہیں کر سکتا۔ اس فرق کے باوجود دونوں ذیلی قانون

سازی کا کام کرتے ہیں۔ اساسی قانون کی حیثیت تو قرآن وحدیث رکھتے ہیں لیکن قرآن و حدیث ساکت ہوں تو اجتہاد کے ذریعے سے، استنباط کے ذریعے سے، یہ لوگ قانون معلوم کرنے کی کوشش کرتے ہیں، وہ ہمیں بتاتے بھی ہیں اور ہم پر نافذ بھی کرتے ہیں۔

ایک مثال میں آپ کو دیتا ہوں۔ قرآن مجید میں چوری کی سزا مقرر کی گئی ہے، لیکن اگر کوئی شخص کفن چوری کرے یعنی ایک ایسے شخص سے اس کا مال لے جو اپنی مدافعت نہیں کر سکتا یعنی کسی مردہ شخص کی قبر کھولے، قبر کے اندر سے اس کا کفن چرا لے جائے تو کیا اسے چوری کہا جائے گا؟ ہمارے فقہاء کہتے ہیں کہ وہ چوری نہیں ہے۔ سوال یہ ہے کہ اس کفن چوری کی سزا کیا ہوگی؟ کیا وہی سزا ہوگی جو عام چوری کی ہے یا اس کے لیے کسی اور قانون کی ضرورت ہوگی؟ اس میں سوائے استنباط، اجتہاد اور غور و فکر کے، قانون معلوم کرنے کے اور کوئی صورت ممکن نہیں کیونکہ قرآن میں اس کا ذکر نہیں ہے۔ ایسی صورت میں ہمارے فقہاء استنباط کرتے ہیں اور استنباط کے لیے قیاس سے کام لیتے ہیں۔ میں تفصیلوں میں نہیں جاتا، صرف آپ کو مثال دے کر سمجھانا چاہتا ہوں کہ کن صورتوں میں فقہاء کو یا مفتیوں کو اور قاضیوں کو قانون معلوم کرنے اور قانون میں ترقی دینے کی ضرورت پیش آتی ہے۔ کیونکہ چوری کے متعلق قانون تھا لیکن کفن چوری کے متعلق قانون نہیں تھا، اسے ہمارے قاضی اور مفتی نے معلوم کیا۔ پھر وہ ہمارے قانون کا جزو بنا اور ہمارے قانون میں اس سے ترقی ہوئی۔ یہ کام ہمیں عہد نبویؐ ہی سے نظر آنے لگتا ہے۔ چنانچہ اس کی صراحت ایک حدیث میں ملتی ہے۔ ایک روایت ہے کہ رسول ﷺ نے لوگوں سے کہہ دیا تھا کہ تمہیں کوئی چیز معلوم کرنا ہو تو ابو بکرؓ سے معلوم پوچھ لو۔ حضرت ابو بکرؓ ایک ماہر قانون تھے اور صحابہ کرام رسول ﷺ کو ہر چھوٹی چیز کے متعلق زحمت دینے کے بجائے، حضرت ابو بکرؓ کے پاس جاتے اور ان سے

پوچھ لیتے۔ انہیں ایک طرح سے اجازت تھی کہ وہ چھوٹے موٹے مسائل میں فتویٰ دیں۔ کوئی مشکل مسئلہ ہو تو ظاہر ہے حضرت ابو بکرؓ بھی کہتے کہ ٹھیرو، رسول ﷺ سے پوچھ کر بتاؤں گا۔ اگر انہیں معلوم ہوتا تو وہ کہتے کہ رسول ﷺ نے اس کے متعلق سابق میں یہ حکم دے رکھا ہے، تم اس پر عمل کرو۔ اس طرح قاضی کے فیصلے بھی عہد نبویؐ سے شروع ہوئے تھے مجھے معلوم نہیں کہ مفتیوں کی تعداد کتنی تھی۔ صرف ایک واقعہ میرے ذہن میں تھا۔ وہ میں نے آپ سے بیان کر دیا۔ حضرت ابو بکرؓ کے متعلق صراحت سے تاریخوں میں ذکر ہے کہ رسول ﷺ نے ان کو مفتی بنا کر نامزد کر رکھا تھا۔ ممکن ہے اور صحابی بھی ہوں۔ رہا قاضی تو اسلامی سلطنت کی توسیع کے ساتھ ان کی تعداد بھی بڑھتی جاتی ہے، خاص کر یمن میں جو ایک بڑا صوبہ تھا اور ذہنی لحاظ سے اس زمانے میں بہت ترقی یافتہ تھا۔ وہاں کے لوگ خانہ بدوش نہیں تھے۔ بستیوں میں زندگی گزارنے والے اور تجارت کاشتکاری کرنے والے لوگ تھے۔ اس لیے یمن کے متعلق ایک سے زیادہ سرکاری افسروں کا ذکر ملتا ہے۔ گورنر بھی اور اس طرح کے دیگر عہدیدار بھی ملتے ہیں۔ ان میں سے ایک کا ذکر تھوڑی دیر ہوئی میں نے آپ سے کیا تھا یعنی معاذ بن جبلؓ۔ وہ قاضی بھی تھے لیکن ان کا ایک اور فریضہ بھی نظر آتا ہے کہ وہ انتظامی امور بھی سرانجام دیتے تھے، یعنی گورنر بھی تھے اور قاضی بھی تھے۔ ایک اور افسر عمرو بن حزم ہیں ان کے متعلق تو ایسا معلوم ہوتا ہے کہ وہ انسپکٹر جنرل تعلیمات بھی تھے۔ چنانچہ طبری نے لکھا ہے کہ ان کا فریضہ تھا کہ گاؤں گاؤں کا دورہ کریں اور لوگوں کو تعلیم دیں۔ غالباً وہ ہر جگہ کوئی مدرسہ کھولتے ہوں گے۔ پھر مقامی لوگوں کو قرآن پاک پڑھانے کی تربیت دے کر آگے روانہ ہو جاتے ہوں گے۔ بہر حال "کان ینتقل من امارۃ عامل الٰی عامل" کے الفاظ تاریخ طبری میں آتے ہیں۔ وہ ایک علاقے سے دوسرے علاقے میں جایا

کرتے تھے اور ان کا کام لوگوں کو تعلیم دینا تھا۔ ان قاضیوں میں سے ایک جو یمن بھیجے گئے۔ یہ حضرت ابو موسیٰ الاشعری ہیں۔ ان کا ذکر میں بالخصوص اس لیے کر رہا ہوں کہ ان کا تقرر نامہ بھی تاریخ میں محفوظ ہے۔ چنانچہ معلوم ہوتا ہے کہ اس زمانے میں نظم و نسق کا اصول یہ نہ تھا کہ کوئی شخص انتہا کسی مقام پر پہنچ جائے۔ جیسے حمید اللہ بہاولپور آ کے یہ کہہ دے کہ میں لیکچر دینے آیا ہوں وائس چانسلر کو خبر بھی نہ ہو۔ اس کے بر خلاف مرکز یعنی پایہ تخت سے ایک تحریری پروانہ نامزد شدہ گورنر کو بھی دیا جاتا، اور ایک خط مقامی باشندوں کے نام بھی ہوتا۔ جس میں یہ کہا جاتا کہ میں تمہارے پاس فلاں شخص کو گورنر بنا کر یا قاضی بنا کر یا عامل بنا کر بھیج رہا ہوں۔ جب وہ آئیں تو ان کی اطاعت کرنا، ورنہ میری عدم اطاعت متصور ہوگی۔ اور قاضیوں کو پروانہ نامزدگی دیا جاتا جس میں ان کے فرائض کا بھی کچھ ذکر ہوتا تھا۔ یہ طریقہ بھی ہمیں عہد نبوی ﷺ ہی میں ملنے لگتا ہے۔ (اور حضرت عمرو بن حزمؓ کو دیا ہوا ہدایت نامہ محفوظ ہے) اس کا ذکر میں نے ایک اور وجہ سے بھی کیا ہے یعنی حضرت ابو موسیٰ الاشعری کی عظیم الشان شخصیت کی بناء پر۔ ان کا ایک قصہ بھی آپ سے بیان کرتا چلوں اور بہت ادب کے ساتھ آپ سے عرض کرتا ہوں کہ ابن سعد کے مطابق وہ ان پڑھ تھے، لکھنا پڑھنا نہیں آتا تھا۔ رسول ﷺ کی وفات تک وہ اُمّی رہے۔ اس کے بعد حضرت عمرؓ نے ان کی عظیم صلاحیتوں اور وسیع تجربے کی بناء پر، کہ عہد نبوی ﷺ میں مختلف عہدے انجام دے چکے تھے، ان کو عراق کی فتح کے بعد بصرہ کا گورنر نامزد کیا۔ چونکہ خود انہیں لکھنا پڑھنا نہیں آتا تھا اس لیے وہاں انہوں نے ایک لکھے پڑھے اچھے ماہر کو سیکرٹری بنالیا، جو ایک عیسائی تھا۔ ایک دن حضرت عمرؓ نے ان کو بلا بھیجا۔ وہ اپنے سیکرٹری کے ساتھ کچھ انتظامی فرائض کے لیے مدینہ آئے تو مسجد کے اندر حضرت عمرؓ سے ملنے کے لیے چلے گئے، لیکن سیکرٹری صاحب

باہر ہی رہے حضرت عمرؓ نے پوچھا تمہارا سیکرٹری ساتھ نہیں آیا، کہاں ہے؟ کہا کہ باہر ہے۔ آپ نے پوچھا کہ مسجد میں کیوں نہیں آیا؟ تو بتایا کہ عیسائی ہے۔ حضرت عمرؓ کو یہ نامناسب معلوم ہوا ہو گا۔ انہوں نے کہا کہ سیکرٹری کو بدل دو۔ بظاہر ہمیں موجودہ زمانے میں مسلم اور غیر مسلم کا فرق و امتیاز نامناسب معلوم ہو گا لیکن آپ اس پر غور کیجیے کہ ایک گورنر جسے بیسیوں قسم کے اختیار حاصل ہوں، اس کا فیصلہ بھی فی الفور نافذ ہو جاتا ہے اور بالخصوص اس علاقے میں جہاں ابھی پوری طرح امن قائم نہ ہو۔ اس کو فتح ہوئے مشکل سے چند مہینے گزرے ہوں، وہاں کے گورنر صاحب کو لکھنا پڑھنا نہیں آتا، وہ سیکرٹری کو حکم دیتے ہیں، معلوم نہیں سیکرٹری صاحب کیا لکھتے ہیں۔ گورنر کی مہر کے ساتھ پروانہ چلا جاتا ہے، اس لیے احتیاط لازمی تھا۔ آج اگر بالفرض ہمارے محترم جنرل ضیاء الحق کو لکھنا پڑھنا نہ آئے تو وہ کسی ہندو کو اپنا سیکرٹری نہیں بنائیں گے، یا کسی روسی کو اپنا سیکرٹری نہیں بنائیں گے۔ یہی فیصلہ حضرت عمرؓ نے فرمایا سیکرٹری بدل ڈالو۔ مگر وہی حضرت عمرؓ دوسرے موقعوں پر عیسائیوں سے سرکاری کاموں میں مدد بھی لیتے ہیں۔ یہ نہیں سمجھنا چاہیے کہ حضرت عمرؓ میں تعصب تھا۔ وہ غیر مسلم افسروں سے بوقت ضرورت استفادہ کرتے تھے۔ صرف اس وقت روکتے تھے جب عقلِ سلیم اس کی متقاضی ہوتی کہ ان پر اعتماد نہ کیا جائے۔ ایسی بہت سی مثالیں ملتی ہیں مثلاً ہرمزان نامی ایک ایرانی تھا۔ اس سے حضرت عمرؓ بارہا مشورہ کیا کرتے تھے۔ سیاسی معاملات میں بھی اور جنگی معاملات میں بھی۔

عہد نبوی ﷺ میں اسلامی قانون کی ترقی کے لیے جو اولین ماخذ تھے، وہ میں نے بیان کیے ان کے علاوہ دو نئے عناصر کا اضافہ ہوا۔ ان میں سے ایک مفتی ہیں اور دوسرے قاضی۔ قاضیوں کو عام طور پر نئی قانون سازی کی ضرورت پیش آتی ہے، مقدمات ان کے

سامنے آتے ہیں اور ہر مقدمے کے مواقع، حالات اور روودادیں مختلف ہوتی ہیں اور انہیں اسی کے مطابق فیصلہ کرنا ہوتا ہے۔ ایسی متعدد مثالیں تاریخ میں ملتی ہیں کہ گورنر اور قاضی، جو دور دراز علاقوں میں تھے یا تو خود لکھ کر رسول ﷺ سے پوچھتے تھے کہ ان حالات میں کیا کرنا چاہیے اور ایسی مثالیں بھی ملتی ہیں کہ ان گورنروں اور قاضیوں نے اپنی صوابدید اور فہم کے مطابق فیصلہ کر ڈالا۔ اس کی اطلاع رسول ﷺ کو ہوئی۔ اگر آپ کو نامناسب معلوم ہوا تو فوراً تصحیح کے احکام صادر فرما دیے۔ اس دوسری قسم کی ایک مثال آپ کو دیتا ہوں۔ ایک شخص کو قتل کر دیا جاتا ہے، اس کا خون بہا کس کو دیا جائے؟ پرانے زمانے میں عرب میں رواج تھا کہ خون بہا مقتول کے مرد رشتہ داروں کو دیا جاتا تھا، یعنی بیٹے کو، باپ کو، بھتیجے کو وغیرہ۔ مقتول کی بیوہ کو اس میں کوئی حصہ نہ ملتا تھا۔ اس کی اطلاع رسول اللہ ﷺ کو ہوئی۔ آپ ﷺ نے بیوہ کو بھی اسی تناسب سے حصہ ملنا چاہیے جس تناسب سے وراثت میں اس کا حصہ ہے۔ قرآن مجید میں اس کا ذکر نہیں تھا، حدیث میں بھی اس وقت اس کا ذکر نہیں تھا، جب تک یہ واقعہ پیش نہ آیا۔ اس کے بعد رسول ﷺ کی حیاتِ طیبہ میں اسلامی قانون کے دو مستقل، غیر تبدل پذیر ماخذ یعنی قرآن وحدیث مکمل ہو جاتے ہیں۔ قانونی نقطہ نظر سے جب کوئی نئی گتھی پیدا ہوتی تو اسے سلجھانے کے لیے مسلمان سب سے پہلے قرآن اور پھر حدیث سے رجوع کرتے اور اگر ان دونوں میں کوئی حل نہ ملتا تو پیغمبر کے عطا کردہ عظیم الشان اصول یعنی اِجتہاد پر عمل کرتے۔ یہ اصول بعد میں مسلمانوں کے بہت کام آیا ورنہ اسلامی قانون منجمد ہو جاتا، اور مسلمان اسے ناکافی پا کر غیر اسلامی قوانین اختیار کر لینے پر مجبور ہوتے۔ اجتہاد کے ذریعے سے ہر نئی چیز کے بارے میں قانون بنانے کا موقع مل گیا۔

اسی طرح قاضیوں کے نام حضرت عمرؓ کا ہمیں ایک خط ملتا ہے جس میں یہ حکم تھا کہ

فیصلہ کرنے سے پہلے مشورہ بھی کر لیا کرو۔ یہ نہیں کہ من مانا فیصلہ کرو اور اسے نافذ کر دو۔ اگر تمہیں قانون معلوم نہیں ہے تو خود بھی سوچو اور عالم لوگوں سے جو تمہارے آس پاس موجود ہوں، ان سے بھی مشورہ کرو۔ یہ ایک طرح سے اجتماعی (Collective) اجتہاد کی صورت ہو سکتی ہے۔ خود خلفاء کا بھی یہی معمول تھا۔ حضرت ابو بکر، حضرت عمر، حضرت عثمان، حضرت علی رضی اللہ تعالیٰ عنہم کے متعلق ہمیں کثرت سے ایسی مثالیں ملتی ہیں کہ کوئی پیچیدہ مقدمہ ان کے سامنے آتا، جس کے بارے میں قرآن و حدیث میں وضاحت کے ساتھ کوئی قانون نہ ملتا تو اجتماع عام کیا جاتا۔ اذان ہوتی، لوگ دوڑتے ہوئے مسجد کی طرف آتے، مسجد میں خلیفہ اُن سے مخاطب ہو کر پوچھتا کہ اس معاملے میں تمہاری کیا رائے ہے؟ اس اجتماع میں ہر شخص رائے دینے کا مجاز تھا، بڑا ہو یا چھوٹا، مرد ہو یا عورت، ہر ایک مشاورت میں شریک ہو سکتا۔ عورتوں کا ذکر اس لیے کرتا ہوں کہ ایک ایسی مثال ہمیں حضرت عمرؓ کے زمانے میں ملتی ہے۔ اس زمانے میں یہ خرابی پیدا ہو گئی تھی کہ بیٹی کا نکاح کرنے سے پہلے لوگ بڑا مہر حاصل کرنے کی کوشش کرتے، اور ہونے والے داماد سے کہتے کہ اتنی رقم دو۔ حضرت عمرؓ نے دیکھا کہ اس طرح بہت سی لڑکیاں بوڑھی ہو جاتی ہیں اور شوہر کا خواب دیکھتی رہتی ہیں، نکاح کا موقع نہیں ملتا۔ انہوں نے حکم جاری کر دیا کہ فلاں مقدار رقم سے زیادہ مہر نہ باندھا جائے۔ حضرت عمرؓ خلیفہ وقت تھے، بہت بڑے صحابی تھے، دیگر صحابہ نے اعتراض بھی نہ کیا، اس اعلان پر مسجد میں ایک عورت اٹھ کھڑی ہوتی ہے، اور کہتی ہے اے عمر، تمہیں ایسا حکم کرنے کا کوئی حق نہیں پہنچتا، یہ قانون نامناسب ہے۔ وہ حیران ہوئے، پوچھا "کیوں ناجائز ہے؟" اس بوڑھی عورت نے کہا "قرآن مجید (۴:۲۲) میں ایک جگہ ذکر آیا ہے کہ تم عورت کو مہر میں ایک قنطار یعنی بہت بڑا خزانہ دے چکے ہو تو بھی طلاق کی صورت میں اسے واپس

نہ لینا۔ جب خدا نے یہ اجازت دی ہے کہ مہر ایک قنطار باندھا جا سکتا ہے تو عمر کو کیا حق ہے کہ اس قانون کو منسوخ کرے۔" حضرت عمرؓ بہت خدا ترس آدمی تھے، فوراً کہہ اٹھے "عمر نہیں سمجھا، بوڑھی عورت سمجھ چکی ہے اس کا بیان ٹھیک ہے۔ میں اپنا حکم واپس لیتا ہوں"۔ حاصل کلام یہ کہ مشورے کی عام اجازت ہے، اس میں عالم و جاہل، بچہ اور بوڑھا، مرد اور عورت کا کوئی فرق نہیں۔ ہر شخص رائے دے گا۔ اس رائے پر اگر لوگوں کا اتفاق ہو تو اس پر عمل کیا جائے گا، ورنہ نہیں، بہر حال رسول ﷺ کی رحلت کے بعد خلفائے راشدین کے دور میں ہمیں حکومت کی طرف سے اجتماعی مشورہ، مفتیوں اور قاضیوں کی طرف سے انفرادی آراء کا ملنا نظر آتا ہے۔ اس کا سلسلہ برابر جاری ہے۔

چونکہ مسلمان ابتدائی زمانے ہی میں تین براعظموں، یعنی ایشیاء، یورپ اور افریقہ میں پہنچ گئے تھے، جہاں بیسیوں قوموں سے انہیں سابقہ پڑا، ان کی رعیت میں دس پندرہ مذہب والے لوگ پائے جاتے تھے جن کی عادت و رواج مختلف تھے، لہذا انہیں نئے نئے مقدمے اور مسائل پیش آتے رہے اور ان کے متعلق فیصلے بھی مختلف ہوتے رہے۔ حضرت عثمانؓ کے زمانے کا ایک واقعہ بیان کرتا ہوں۔ قرآن مجید میں غیر مسلم رعایا سے جزیہ لینے کا حکم ہے اور وہاں اہل کتاب کا ذکر ہے۔ حضرت عثمانؓ کے زمانے میں شمالی افریقہ کا وہ علاقہ فتح ہوا جہاں بربر نامی قوم رہتی ہے۔ سوال پیدا ہوا کہ بربر قوم سے جزیہ لیا جائے یا نہیں۔ اس واقعے سے کچھ پہلے حضرت عمرؓ کے زمانے میں ایران کے مجوسیوں یعنی پارسیوں کے متعلق یہی سوال پیدا ہوا تھا۔ جواب آسانی سے مل گیا۔ حضرت عبدالرحمن بن عوفؓ نے اٹھ کر کہا کہ رسول اللہ ﷺ نے فرمایا ہے کہ سنوا بھم سنۃ اھل الکتاب فی غیر اٰکل ذبائحھم و نکاح نسائھم مجوسیوں سے، پارسیوں سے وہی برتاؤ کرو جو اہلِ کتاب سے ہے (یعنی عیسائیوں اور یہودیوں کا قانون ان سے بھی متعلق کرو) بجز دو

باتوں کے، ان کا ذبیحہ نہ کھاؤ اور ان کی عورتوں سے نکاح نہ کرو لیکن حضرت عثمانؓ کے زمانے میں بربر کا مسئلہ پیدا ہوا تو رسول ﷺ کا کوئی حکم موجود نہ تھا۔ قرآن مجید میں صراحت نہ تھی۔ آخر مشورہ کے بعد خلیفہ نے حکم دیا کہ ان سے جزیہ لو۔ پھر یہ فیصلہ ہوا کہ صرف اہل کتاب ہی نہیں، ساری غیر مسلم اقوام سے جو ہماری رعیت ہوں، جزیہ لیا جائے۔ سندھ پہنچے تو یہاں جو قوم تھی، ان سے جزیہ لیا جانے لگا پھر دوسرے علاقوں میں پہنچے تو برہمنوں سے بھی جزیہ لیا جانے لگا۔ غرض امام ابو یوسف کے الفاظ میں سارے غیر مسلموں سے جزیہ لیا جانے لگا۔ چاہے وہ آگ کی پوجا کریں یا درخت یا پتھر کی پوجا کریں، سب کے ساتھ اسی حیثیت سے برتاؤ کیا جانے لگا، جو اہل کتاب کے متعلق قرآن نے کہا ہے اور استنباط کیا کہ قرآنی احکام توضیحی (Illustrative) ہیں، تحدیدی (limitative) نہیں یعنی یہ منشاء نہیں کہ صرف اہل کتاب سے جزیہ لو بلکہ اس طرح کی صورت میں اوروں سے بھی تم لے سکتے ہو۔

حضرت عمرؓ کے زمانے میں ایک واقعہ پیش آیا جسے قانونی نقطہ نظر سے کافی اہمیت حاصل ہے۔ وہ یہ کہ انہوں نے ایک فاضل صحابی حضرت عبد اللہ بن مسعودؓ کو معلم کی حیثیت سے کوفہ بھیجا (یوں سمجھئے کہ کوفہ کی یونیورسٹی کے وائس چانسلر کی حیثیت سے) بہر حال انہیں معلم کی حیثیت سے کوفہ بھیجا گیا۔ وہ مورخ نہیں تھے، صوفی نہیں تھے، وہ خالد بن ولیدؓ کی طرح نامور سپاہی بھی نہیں تھے لیکن قانون میں ان کو خاص ملکہ حاصل تھا۔ چنانچہ وہ وہیں درس دیتے رہے۔ ظاہر ہے کہ ان کے درس میں قانونی مباحث اور فقیہانہ عناصر ہمیشہ زیادہ ہوتے تھے۔ جب وہ وہاں بھیجے گئے تو انہیں ایک پروانہ یا تقرر نامہ دیا گیا جس کے الفاظ یہ تھے "اے کوفہ کے مسلمانو! میں رسول اللہ صلی علیہ وسلم کے ایک نہایت محترم صحابی کو تمہارے پاس بھیج رہا ہوں۔ تمہیں شکر گزار ہونا چاہیے کہ میں

اپنے آپ پر ایثار کر کے ایسے شخص کو تمہیں دے رہا ہوں۔ اس سے تمہیں معلوم ہو گا ان کی کیا اہمیت ہے۔" حضرت عبد اللہ بن مسعودؓ اپنی وفات تک وہاں شعبہ قانون کے استاد کی حیثیت سے درس دیتے رہے۔ اس شہر کے باشندوں میں انہیں ایک لائق یمنی شاگرد علقمہ نخعی نامی ملا، جو ان کا بہترین طالب علم تھا۔ عبد اللہ بن مسعودؓ کی وفات کے بعد یہ شاگرد جامع مسجد کوفہ میں قانون کا معلم بنا اور اس نے درس جاری رکھا۔ ان کی وفات ہوئی تو ابراہیم نخعی ایک اور یمنی باشندہ جو کہ شاگرد تھا اور کوفہ میں ہی رہتا تھا، وہ ان کا جانشیں بنا۔ غرض یہ سلسلہ جاری رہا اور یہ شہرت پھیل گئی کہ کوفہ کی مسجد میں فقہ کی تعلیم بہت اچھی ہوتی ہے۔ ابراہیم نخعی کی وفات کے بعد ان کے ایک شاگرد، حماد بن ابی سلیمان، جو عرب نہیں بلکہ ایرانی تھے، وہ جانشین ہوئے۔ وہ بھی قانون کے ماہر تھے اور فقہ کی تعلیم دیتے تھے۔ جب ان کی وفات ہوئی تو ان کا جانشین ایک اور ایرانی شاگرد بنتا ہے۔ یہ امام اعظم ابو حنیفہ رحمت اللہ علیہ ہیں۔ وہ بہت کمسن تھے، اس کے باوجود سب سے بہتر شاگرد سمجھے جاتے تھے۔ حتی کہ خود حماد بن ابی سلیمان کے شاگرد یعنی امام ابو حنیفہؒ کے جو ہم درس طلباء تھے وہ بھی اصرار کرنے لگے کہ: اے ابو حنیفہؒ! استاد کے بعد تم اس کام کو جاری رکھو۔ ابو حنیفہؒ بہت ذہین آدمی اور انسانی نفسیات سے آشنا تھے۔ انہوں نے خیال کیا کہ مجھ جیسے نوجوان کو استاد کی جگہ لوگ دیکھیں گے تو غالباً پسند نہیں کریں گے۔ جب تک انہیں کوئی تشویق نہ دی جائے اور یہ نہ بتایا جائے کہ واقعی ان کے لیکچر بہت اہم ہیں۔ چنانچہ امام ابو حنیفہؒ نے اپنے ساتھیوں سے، جو ان کے رفیق درس تھے، کہا کہ میں اس شرط کے ساتھ قبول کرتا ہوں کہ ایک سال تک تم میرے طالب علموں کی حیثیت سے لیکچروں میں حاضر رہو گے۔ اگر تم اس پر آمادہ ہو تو میں قبول کرتا ہوں۔ وہ بھی مخلص دین دار لوگ تھے انہوں نے کہا "بہت خوب"۔ جب لوگوں نے دیکھا کہ ابو

حنیفہؒ وہ استاد ہیں کہ ان کے ہم درس بھی ان کے شاگرد بننے کو تیار ہیں تو انہیں خوشی بھی ہوئی اور اطمینان بھی ہوا کہ واقعی یہ قابل شخص ہوگا، جب ہی تو اس کے ہم جماعت اس کے شاگرد بننے پر آمادہ ہیں۔ امام ابو حنیفہؒ کی اور دوسری خوبیوں کے علاوہ ایک خوبی یہ بھی تھی کہ جب کبھی ان کے پاس کوئی غریب طالب علم آتا وہ مالی مدد بھی کیا کرتے۔ اس طرح لوگوں میں ان کی شہرت و عزت اور ان کا اثر ورسوخ بڑھتا گیا۔ بنی امیہ کا آخری دور تھا۔ یہ زمانہ سیاسی نقطہ نظر سے بہت خراب تھا۔ ملک میں دہشت گردی اور خون ریزی عام تھی۔ حکومت کے جبر و تشدد کے خلاف عوام میں بغاوت کی لہریں اٹھ رہی تھیں۔ غرض بہت ہی نازک زمانہ تھا۔ اس دور کے آخری زمانے یعنی ۱۲۰ھ کے ایک واقعے کی طرف اشارہ کروں گا۔ امام حسینؓ کے پوتے زید بن علی زین العابدینؒ کو حکومت کے مظالم کی وجہ سے حکومت کے خلاف سخت نفرت پیدا ہوئی، اور وہ بغاوت پر کمر بستہ تھے۔ امام ابو حنیفہؒ ان کو بہت چاہتے تھے اور وہ دل سے خواہاں تھے کہ بنو امیہ کے حکمرانوں کی جگہ زید بن علی خلیفہ بن جائیں۔ ایک دن زید بن علی نے ان سے کہا کہ بہت سے لوگ مجھے مدد دینے پر آمادہ ہو چکے ہیں، اور میں اب حکومت کے خلاف ایک مسلح بغاوت کرنا چاہتا ہوں۔ امام ابو حنیفہؒ نے انہیں رقم دی، لیکن ساتھ دینے سے انکار کر دیا، یہ کہا کہ اگر مجھے یقین ہوتا کہ تمہارے ساتھی آخر تک ساتھ دیں گے تو میں بھی اس فوج میں شریک ہوتا، یعنی حکومت کے خلاف بغاوت میں حصہ لیتا۔ مگر مجھے اطمینان نہیں ہے، میں تمہیں رقم کی حد تک مدد دیتا ہوں۔ چنانچہ وہی پیش آیا جس کا ابو حنیفہ کو اندیشہ تھا۔ یعنی ان کے ساتھی ان کا ساتھ چھوڑ کر چلے گئے، حکومت نے انہیں گرفتار کر لیا اور انہیں قتل کر دیا۔ زید بن علی کی قانون دانی کی وجہ سے ابو حنیفہ کو ان سے محبت تھی۔ زید بن علی بہت بڑے فقیہ تھے اور یہ کہا جا سکتا ہے کہ امام ابو حنیفہؒ نے فقہی معاملات میں ان

سے استفادہ کیا تھا۔ کیونکہ وہ امام ابو حنیفہؒ سے زیادہ معمر اور پرانے ماہر تھے۔ زید بن علی نے جو کتاب لکھی اس کا نام ہے "المجموع فی الفقہ" یہ مشہور کتاب ہے اور اسلامی قانون کی قدیم ترین کتاب ہے، جو ہم تک پہنچی ہے۔ یہ کتاب چھپ گئی ہے۔ اس میں ہم دیکھتے ہیں کہ فقہ کی کتابیں آج کل جس انداز و ترتیب کی ہوتی ہیں، وہی نہج اس میں موجود ہے۔ آغاز ہوتا ہے "کتاب الطہارۃ" سے، جس میں وضو کے احکام اور غسل کے احکام ہیں۔ پھر نماز کے احکام، روزہ وغیرہ، عبادات کا بیان، پھر معاملات، پھر دوسری چیزوں کا بیان۔ یہ طرح زید بن علی نے ڈالی اور لوگوں کو اتنی پسند آئی کہ بعد میں کسی نے اس میں ترمیم نہیں کی۔ یہ دور گزر گیا اور بنی عباس برسر اقتدار آئے۔ لوگوں کو توقع تھی کہ بنو عباس کے زمانے میں دنیا جنت بن جائے گی مگر انہیں بڑی مایوسی ہوئی۔ مختلف وجوہ سے لوگوں کی توقعات پوری نہیں ہوئیں۔ یہاں تفصیل کا موقع نہیں، صرف یہ عرض کرنا ہے کہ اس دور میں امام ابو حنیفہؒ نے ایک کارنامہ انجام دیا، جو اسلامی قانون کی تاریخ میں سب سے زیادہ اہم اور یادگار کارنامہ ہے۔ اس زمانے میں امام مالکؒ، امام اوزاعیؒ وغیرہ بڑے بڑے فقیہ موجود تھے۔ انہوں نے کتابیں بھی لکھیں لیکن ان کی کوششیں انفرادی تھیں۔ امام ابو حنیفہؒ نے سوچا کہ انفرادی کوشش کی جگہ، اسلامی قانون کی تدوین اگر اجتماعی طور پر کی جائے تو بہتر ہوگا۔ چنانچہ انہوں نے اپنے بہت سے شاگردوں میں چالیس ماہرین قانون منتخب کر کے ایک اکیڈمی قائم کی۔ انتخاب میں اس بات کا خیال رکھا کہ جو لوگ قانون کے علاوہ دیگر علوم اور معاملات کے ماہر ہوں، انہیں بھی اکیڈمی کا رکن بنایا جائے۔ غرض مختلف صلاحیتوں کے ماہرین کو اس اکیڈمی میں جمع کیا گیا۔ اصول یہ تھا کہ ایک فرضی سوال پیش کیا جائے، اگر یوں ہو تو کیا کرنا چاہیے؟ اس مسئلے پر بحث ہوتی۔ بعض اوقات ایک سوال پر ایک ایک ماہ تک بحث ہوتی اور بالآخر جب سب لوگ ایک

نتیجے پر پہنچ جاتے تو اس اکیڈمی کے سیکرٹری امام ابو یوسفؒ اُسے لکھ لیا کرتے تھے۔ ایسی کچھ تحریریں ہم تک پہنچی ہیں جن میں "قال" "قلنا" "قال" "قلنا" یعنی سوال و جواب کی صورت میں کسی مسئلے پر بحث کی گئی ہے۔

خلاصہ یہ کہ امام ابو حنیفہؒ کے زمانے میں اسلامی قانون کی تدوین کی دو کوششیں ہوئیں۔ ایک کوشش حکومت کی طرف سے ہوئی۔ دوسری کوشش پرائیوٹ طور پر امام ابو حنیفہؒ کی طرف سے۔ سرکاری کوشش خلیفہ منصور کی تھی۔ اس نے چاہا کہ اسلامی قانون کو مدوّن کیا جائے اور ساری اسلامی سلطنت میں اسے نافذ کیا جائے۔ اس زمانے میں امام مالکؒ کی بڑی شہرت تھی۔ چنانچہ خلیفہ نے امام مالکؒ کو بلا بھیجا اور کہا کہ تم اپنی کتاب فقہ کو مکمل کر لو۔ میں تمہاری فقہ کی حکومت کا قانون بنا کر نافذ کرنا چاہتا ہوں۔ امام مالکؒ بہت خدا ترس تھے۔ انہوں نے کہا نہیں، ایک آدمی کی رائے سب پر نافذ نہیں ہو سکتی۔ لوگوں کو اختلاف کی اجازت ہونی چاہیے۔ چنانچہ انہوں نے انکار کر دیا۔ مگر اسلامی قانون کی تدوین کی ضرورت تھی۔ وہ کام امام ابو حنیفہؒ نے انجام دیا اور سالہا سال کی کوشش سے ایک ایسا قانون بنایا جس کے متعلق پورے اطمینان کے ساتھ کہہ سکتا ہوں کہ وہ Justinian code سے زیادہ مکمل اور زیادہ مناسب ہے۔

اس زمانے میں اور بھی فقیہ پیدا ہوئے اور ان فقہاء کے شاگرد بھی بنتے رہے۔ ایک مختصر جملے پر اسے ختم کرتا ہوں کہ صحابہ کرام رضی اللہ عنہم میں جو فقہاء تھے، ان میں ایک عبد اللہ بن مسعودؓ تھے اور ان کے شاگرد امام مالکؒ تھے۔ مالکی مذہب گویا اس صحابی کی راہ سے پہنچتا ہے۔ ایک اور صحابی عبد اللہ ابن عباسؓ ہیں۔ ان کا قانون اسلامی فرقوں میں سے خوارج کا قانون ہے۔ ایک اور صحابی عبد اللہ ابن عباسؓ، ان کے قانونی احکامات ہمارے شیعہ بھائیوں کے پاس، زید بن علی، اثناء عشری یا فاطمی ائمہ وغیرہ، کے ذریعے

سے پہنچتے ہیں۔ پھر اس کے بعد ان علماء کے شاگردوں کے شاگرد، مثلاً امام شافعیؒ ہیں کہ بیک وقت امام ابو حنیفہ کے شاگرد امام محمدؒ کے شاگرد اور امام مالکؒ کے بھی شاگرد ہیں۔ امام شافعیؒ کے شاگرد ہیں امام احمد بن حنبلؒ اور ان کے شاگرد ہیں ظاہری مذہب کے پیشوا داؤد ظاہری۔ غرض شیعہ سنی کا کوئی فرق نہیں، سب ایک دوسرے کے شاگرد ہیں اور خود ایک دوسرے کے مماثل۔

والسلام علیکم ورحمت اللہ وبرکاتہ

سوالات وجوابات

برادران کرام! خواہران محترم! السلام علیکم ورحمت اللہ وبرکاتہ!

مختلف سوالات کیے گئے ہیں، اپنی بساط کے مطابق جواب دینے کی کوشش کرتا ہوں۔

سوال ا: حضرت معاذؓ کو حضور اکرم ﷺ کے ارشاد "فان لم تجد" سے قرآن و حدیث کا ناکافی ہونے کا استدلال کیا گیا۔ حالانکہ "فان لم یکن" کے الفاظ نہیں فرمائے۔ قرآن میں اپنے ذہن کے مطابق کوئی چیز تلاش نہ کر سکنے سے یہ لازم نہیں آتا کہ قرآن میں ہے ہی نہیں۔ آیت (الیوم اکملت لکم دینکم) کی روشنی میں کیا یہ کہنا بہتر نہ ہوگا کہ اصولی طور پر قرآن کامل اور کافی ہے لیکن اگر اس سے کوئی مسئلہ انسانی ذہن کسی وقت استنباط نہ کر سکے، تو اجتہاد کرلے۔ اس صورت انسانی ذہن کا قصور ہوگا، نہ کہ کتاب اللہ کا ناکافی ہونا ثابت ہوگا۔

جواب: الفاظ کا پھیر ہے، دونوں کا مقصد ایک ہی ہے۔ البتہ میں یہ عرض کروں گا

کہ آیت: (الیوم اکملت لکم دینکم)(۵:۳) میں قرآن وحدیث اور اجماع، تینوں شامل ہو جائیں گے، تنہا قرآن ہی نہیں ہوگا۔ کیونکہ قرآن ہی نے کہا کہ رسول اللہ ﷺ کی اطاعت کرو۔ قرآن نے کہا ہے کہ (مَنْ یطعِ الرَّسُولَ فقَدْ أطاعَ اللّٰہ)(۴:۸۰) رسول اللہ ﷺ کی اطاعت کرنا اللہ کی اطاعت کرنا ہے۔ وہاں یہ نہیں کہا گیا کہ صرف قرآن پر عمل کرو اور خود رسول اللہ ﷺ نے فرمایا کہ اگر قرآن میں نہ ملے تو حدیث میں تلاش کرو، حدیث میں نہ ملے تو اجتہاد کرو۔ تو آپ کا اور میرا مقصد ایک ہی ہے۔ الفاظ کی ترتیب میں تھوڑا سا فرق ہے۔

سوال ۲: اسلامی قانون میں دو عورتوں کی شہادت کو ایک مرد کے برابر قرار دیا گیا ہے، کیا اس صورت میں عورت کو آدھا مرد نہیں بنایا گیا؟

جواب: میں سمجھتا ہوں کہ اس سوال میں ایک بنیادی اصول نظر انداز کر دیا گیا ہے، وہ یہ کہ قدرت کبھی دو چیزوں کو بالکل مماثل نہیں بناتی۔ ایک کو دوسرے کی تکمیل کے لیے Complementary بناتی ہے۔ ورنہ اگر ایک ہی طرح کی دو چیزیں ہوں تو وہ Redundant یعنی مکرر ہو جائیں گی اور یہ قدرت کی طرف سے ایک ضیاع ہوگا۔ قدرت نے مرد کو یا عورت کو مکمل شخصیت نہیں بنایا کہ Self-production کریں، عورت کو مرد کی ضرورت نہ ہو، وہی تنہا اپنے بچے پیدا کرے یا مرد کو بیوی کی ضرورت نہ ہو، وہی تنہا ایک دوسرا انسان خود ہی تخلیق کرے۔ بلکہ اس کی جگہ ایک کو دوسرے کے تعاون سے مکمل کرنے کا بندوبست اپنی حکمت کے تحت کیا ہے۔ ان حالات میں اگر اسلامی قانون دو عورتوں کی شہادتوں کو ایک مرد کے برابر قرار دیتا ہے تو اس کے اس پہلو پر جانے کی جگہ کہ دو عورتوں کو ایک مرد کے برابر قرار دیا گیا ہے، اگر اس پر سوچیں کہ ایسا کیوں کیا گیا، تو میرے خیال میں زیادہ صحیح اصول ہوگا، اور اس کا جواب میں اپنی

طرف سے یہ دوں گا کہ دونوں کے فرائض منصبی مختلف رکھے گئے ہیں۔ ایک عورت کو، چاہے وہ مانے یا نہ مانے، بچے کی ماں بننا پڑے گا، اور اسے بچے کی پرورش کا فریضہ انجام دینا ہو گا۔ اسی طرح مرد کبھی بچہ جن نہیں سکے گا، چاہے وہ کتنا ہی خواہشمند کیوں نہ ہو۔ ان حالات میں جب عورت کا یہ فریضہ کہ وہ اپنے دودھ پیتے ننھے بچے کی پرورش کرے اور ساتھ ہی اس کے ذمے وہ فرائض بھی کر دیے جائیں جو مرد انجام دیتا ہے تو نہ عورت اپنا کام انجام دے سکے گی نہ مرد اپنا کام انجام دے سکے گا۔ مختلف وجوہ سے اسلامی شریعت نے عورت کو پردہ کرنے کا حکم دیا ہے۔ عورتوں کو مردوں کے ساتھ مخلوط ہونے کی تشویق نہیں دلائی۔ ان حالات میں جس طرح مرد کو اور مردوں کی ملاقات کی آسانی ہوتی ہے، اس طرح ایک عورت کو دوسرے مردوں سے ملاقات کرنے کی سہولت ہماری اسلامی سوسائٹی میں نہیں ہوتی۔ لہذا یہ ناگزیر تھا کہ ایک کی جگہ دو عورتوں کی شہادت کو طلب کیا جائے تاکہ دونوں کی شہادت سے واقفیت اور معلومات ہو سکیں۔ اس میں عورتوں کی توہین نہیں ہے بلکہ عورت کے فرائض منصبی کی موجودگی میں اس کی سہولت اور امکانات کا لحاظ رکھ کر اس کو یہ موقع دیا گیا ہے، ورنہ ممکن ہے، یہ کہہ دیا جاتا کہ عورت کی شہادت قبول ہی نہ کی جائے۔ اس کے برخلاف یہ کہا گیا کہ نہیں عورت کی شہادت قبول کی جائے، وہ بھی انسان ہے۔ جیسے وراثت میں اسلام سے پہلے عورت کو کوئی حصہ نہیں ملتا تھا، قانون وراثت کے نقطہ نظر سے غالباً پنجاب کی روایات میں بھی یہ چیز رہی ہے کہ عورتوں کو حصہ نہیں ملتا۔ اسلام نے کہا نہیں عورتوں کو بھی حصہ ملے گا لیکن چونکہ عورت کے واجبات کمتر ہوں گے لہذا عورت کا حصہ کم ہو گا۔ آپ کو علم ہو گا کہ ایک عورت خواہ بیٹی ہو یا بیوی ہو یا ماں ہو، ہمیشہ کسی مرد کے زیر کفالت رہتی ہے۔ اسے نفقہ دلایا جاتا ہے اور اگر اس کا قریبی رشتہ دار، بیٹا یا باپ یا شوہر وغیرہ نفقہ نہ دیں تو

قانون اس مرد کو مجبور کرتا ہے کہ وہ نفقہ دے۔ عورت کی پرورش کا انتظار مرد کے ذمے کر دیا گیا ہے لیکن اگر کبھی مرد کو ضرورت پیش آئے تو کسی عورت کو مجبور نہیں کیا جاتا کہ وہ اس مرد کا نفقہ ادا کرے۔ ان حالات میں ناگزیر تھا کہ قانون وراثت میں عورت کو حصہ کم دیا جائے۔ پھر یہ بھی نہیں کہ چونکہ عورت کے سارے مصارف قانوناً دوسرے کی طرف سے ادا ہو جاتے ہیں، اس لیے عورت کو حصہ بالکل ہی نہ دیا جائے۔ ہو سکتا تھا مگر اسلام نے عورت کے ساتھ ایک ایسا برتاؤ کرنا مناسب سمجھا جو اس کے وقار اور اس کی ضرورتوں کے مطابق ہو۔ ان حالات میں، میں سمجھتا ہوں کہ قانون شہادت میں یہ اصول پیش نظر رکھا گیا کہ چونکہ عورت کو مردوں کے ساتھ ملنے جلنے کے مواقع مقابلتاً کم ہوتے ہیں، لہذا ایک کی بجائے دو عورتوں کی شہادت ضروری ہے۔ یہ میری ذاتی رائے ہے لیکن یہ واضح رہے کہ میں قانونِ شہادت کا ماہر نہیں ہوں۔

سوال ۳: غلامی کو یکسر ختم نہ کر کے انسانیت کے ناسور کو برقرار رکھا گیا ہے، اس کا کیا جواز ہو سکتا ہے؟

جواب: اس کا جواز یہ ہے کہ بعض انسان معقول چیز کو ماننے کے لیے تیار نہیں ہوتے۔ ان کو مجبور کرنا پڑتا ہے کہ یہ چیز مان لو۔ ہمارے زمانے میں بھی ایسی قومیں ہیں، مثلاً جنوبی افریقہ میں، جہاں اپنے باپ آدم ہی کی دوسری اولاد کو، جس کا رنگ اتفاق سے کالا ہو گیا ہے، مساوات کا حق دینے کے لیے تیار نہیں ہیں، چاہے ساری دنیا متفقہ طور پر مجلسِ اقوامِ متحدہ میں اس کا مطالبہ کیوں نہ کرے۔ کیا ان حالات میں یہ مناسب نہ ہو گا کہ ایسے لوگوں کو جو ہٹ دھرمی پر تلے ہوئے ہیں، ایک ایسے ذریعے سے مجبور کیا جائے جو غلامی کا نام تو رکھتی ہو، لیکن حقیقت میں ان انسانوں کے لیے ایک تربیت گاہ ہے جو دوسرے انسانوں کو اپنے برابر آمادہ کرنے پر تسلیم نہ ہوں، اس لیے اسلام نے غلامی کو

لازمی قرار نہیں دیا ہے بلکہ جائز قرار دیا ہے تاکہ بوقت ضرور اس سے استفادہ کیا جائے۔ میں آپ کو پیچھے لے جانا چاہتا ہوں کہ غلامی شروع کیسے ہوئی؟ اس کے بعد آپ واقعی یہ سمجھیں گے کہ غلامی اتنی بری چیز نہیں ہے۔ غلامی کی تاریخ ہمیں بتاتی ہے کہ پرانے زمانے میں ہمارے ہی آباؤ اجداد جب لڑتے تھے اور کسی دوسرے انسان کو مغلوب کر لیتے تھے تو اسے قتل کر کے کھا جاتے تھے۔ اس کے بعد زمانے میں نیک طینت انسانوں نے سوچا کہ ان کو مار کر کھانے کے بجائے ان سے خدمت لی جائے۔ اپنے دشمن کو قتل کرنے کی بجائے اس کو زندہ رکھا جائے اور پھر زندہ رہنے کے بعد، اسلام میں اس کے امکانات بھی رہیں کہ اس کو آزاد کیا جائے۔ غلام بنانا اسلام ہی میں نہیں ہے بلکہ دنیا کی کوئی ایک قوم بھی ایسی نہیں ملتی جس کے ہاں غلام نہ ہوں۔ اسلام نے غلامی کے متعلق جو احکام دیے ہیں، میں ان کا مختصراً ذکر کرتا ہوں۔ پہلی چیز وہی ہے جو میں بیان کر چکا ہوں کہ غلام بنانا واجب نہیں ہے، صرف جائز ہے اس سے حسب ضرورت استفادہ کیا جا سکتا ہے۔ دوسری چیز یہ ہے کہ اسلام نے حکم دیا ہے کہ غلاموں کو آزاد کرنا ایک بہت بڑی نیکی ہے: (فَلَا اقۡتَحَمَ الۡعَقَبَۃَ• وَمَا اَدۡرٰىکَ مَا الۡعَقَبَۃُ• فَکُّ رَقَبَۃٍ•) (۹۰، ۱۱، ۱۲، ۱۳)

آپ کو یہ سن کر حیرت ہوگی کہ توریت اور انجیل میں غلام بنانے کا تو ذکر ہے لیکن غلام کی آزادی کا قطعاً کوئی ذکر نہیں۔ ایک بھی ایسی آیت توریت اور انجیل میں نہیں ہے جس کی رو سے غیر یہودی غلاموں کو آزاد نہیں کیا جا سکتا ہو۔ اس کے بر خلاف قرآن میں کہا گیا ہے کہ غلاموں کو آزاد کرنا ایک بہت بڑی نیکی ہے اور آگے چلیے، مختلف گناہوں کا کفارہ دینے کے لیے قرآن نے حکم دیا ہے کہ غلام کو آزاد کرو۔ مثال کے طور پر ایک شخص اپنی بیوی کو "ظہار" نامی طلاق دے کے پچھتائے یا کسی مسلمان کو غلطی سے قتل کر دے تو علاوہ خون بہا کے، قرآن نے یہ حکم دیا ہے کہ غلام کو آزاد کر کے کفارہ دو۔ اگر

غلام تمہارے پاس نہ ہو تو اس صورت میں دوسرے کام سر انجام دے سکتے ہو، مگر غلام آزاد کرنے کا حکم شروع میں آتا ہے۔ ایسی تین چار چیزیں تو قرآن مجید میں صراحت کے ساتھ بیان کی گئی ہیں۔ اور آگے چلئے قرآن مجید نے حکم دیا ہے کہ اگر غلام اس پر آمادہ ہے کہ اپنی مالیت کی رقم جمع کر کے اپنے آقا سے مطالبہ کرے کہ اس رقم کو لے کر اس کو آزاد کر دے تو آقا انکار نہیں کر سکتا، قانون اس آقا کو مجبور کرے گا کہ اس معاوضے کو قبول کرے اور غلام کو آزاد کرے۔ یہی نہیں بلکہ وہ کاروبار کر کے اور دوسرے وسائل سے اپنی مالیت جمع کرنے کی کوشش کر سکتا ہے اور مطلوبہ رقم جمع ہو جائے تو آقا کو دے کر فی الفور آزاد ہو جائے گا۔ اس سے بھی آگے چلئے، قرآن مجید میں ایک آیت ہے جسے ہم اسلامی حکومت کے بجٹ کا اساسی اصول کہہ سکتے ہیں۔ یعنی یہ کہ سرکاری آمدن کو کن مدات میں خرچ کیا جائے (اِنَّمَا الصَّدَقَاتُ لِلْفُقَرَاءِ وَالْمَسَاكِينِ وَالْعَامِلِينَ عَلَيْهَا وَالْمُؤَلَّفَةِ قُلُوبُهُمْ وَفِي الرِّقَابِ) (۹:۶۰) اس میں "فی الرقاب" ایک لفظ آیا ہے۔ لفظی معنی یہ ہیں کہ سرکاری آمدنی خرچ کی جائے، گردنوں کو چھڑانے کے لیے۔ اس پر سارے مفسرین اور فقہاء متفق ہیں کہ "رقاب" سے مراد دو قسم کے لوگ ہیں، ایک تو وہ مسلم یا غیر مسلم غلام جو ہماری ملکیت میں ہوں، ان کی رہائی کے لیے یہ سرکاری رقم لگائی جائے دوسرے ہماری رعایا کے مسلم یا غیر مسلم لوگ جو دشمن کے ہاتھوں قید ہو جائیں۔ ان کے فدیہ دینے کی بھی ضرورت ہے۔ اگر حکومت کے بجٹ میں سالانہ ایک مخصوص رقم ملک کے غلاموں کو آزاد کرانے کے لیے رکھنا لازمی ہو تو بہت آسانی سے ہم سمجھ سکتے ہیں کہ کچھ ہی دنوں کے بعد اس ملک میں ایک بھی غلام باقی نہیں رہے گا۔ کیا ایسی کوئی مثال دنیا کی کوئی متمدن حکومت بھی پیش کر سکتی ہے؟ آج بھی لوگوں کو غلام بنایا جاتا ہے، ان کی مرضی کے خلاف Concentration کیمپوں میں بھیجا جاتا ہے، جہاں وہ غلاموں سے

بھی بدتر زندگی گزارتے ہیں۔ بہر حال میں یہ کہہ سکتا ہوں کہ اگر غلامی انسانیت کے لیے ناسور ہے تو کم از کم 'اسلامی غلامی' انسانیت کے ناسور کا علاج ہے۔

سوال ۴: براہ کرم شرع اور قانون فقہ کا فرق واضح فرمائیں۔ اگر ایک ہی مفہوم میں یہ اصطلاحات استعمال ہوتی ہیں تو عرب دنیا کی یونیورسٹیوں میں کلیۃ الشریعۃ و القانون علیحدہ علیحدہ کیوں بیان ہوتے ہیں؟

جواب: عرض یہ ہے کہ اصولاً ان دونوں میں کوئی فرق نہیں، لیکن اسلامی ممالک میں ہماری بدقسمتی سے ہماری حالیہ تاریخ میں ہم کو ضرورت پیش آئی کہ اپنا قانون چھوڑ کر غیروں کے قانون پر عمل کریں۔ ہماری فرنگی حاکموں نے ہمارے لیے ایسے قانون بنائے جن کو ہم اسلامی قانون کے مطابق نہیں پاتے، وہ قانون اسلامی قانون نہیں ہے۔ لہذا شرعی قانون اور غیر اسلامی قانون میں فرق کرنے کے لیے ایک کو "شریعۃ" یا اسلامی فقہ اور دوسرے کو صرف " قانون " کہا جاتا ہے۔

سوال ۵: دو جڑواں بہنیں پیدا ہوئیں۔ ان کے بازو آپس میں جڑے ہوئے تھے۔ اسی طرح جوان ہو گئیں۔ انہیں ایک ساتھ بھوک لگتی ہے اکٹھے ہی بخار ہوتا ہے۔ لیکن جب شادی کا مسئلہ پیدا ہوا تو بعض نے کہا کہ ان کی شادی نہیں ہو سکتی۔ بعض نے کہا کہ ان کی شادی الگ الگ مردوں سے ہونی چاہیے۔ مولانا مودودی صاحب نے فتویٰ دیا کہ ان بہنوں کی شادی ایک مضبوط صحت مند مرد سے کر دینی چاہیے۔ آپ اس کی بارے میں کیا رائے ہے؟ جواب ضرور دیں۔

جواب: یہ سوال مشکل ہے، اس لیے میرا جواب متذبذب ہی رہے گا اور وہ یقینی جواب نہیں ہو گا۔ ابھی چند مہینے پہلے کی بات ہے، پیرس کے اخباروں میں ایک مماثل خبر شائع ہوئی۔ وہاں جو حل کیا گیا تھا، اس کا ذکر وہاں کے ایک فرانسیسی اخبار میں آیا، وہ میں

آپ سے بیان کر دیتا ہوں کہ ان دو بہنوں کی شادی ایک جڑواں جوڑے سے کی گئی جس میں دونوں مرد ہی تھے۔ ایک حل یہ بھی ہے جس پر اب آسانی سے عمل ہونے لگا ہے۔ جراحی (سرجری) اب اتنی ترقی کر گئی ہے کہ جڑواں لوگوں کے اگر صرف ہاتھ جڑے ہیں یا صرف پیٹھ جڑی ہے، یا صرف پاؤں، تو آسانی سے آپریشن کے ذریعے علیحدہ کیا جا سکتا ہے۔ اس کے بر خلاف اگر وہ اس طرح جڑے ہوئے ہیں، مثلاً پیٹ مشترک ہے تو ظاہر ہے اس صورت میں ان کا آپریشن کرنا ناممکن ہے۔ بہر حال یہ ایسی نادر صورتیں ہیں کہ ان کے بارے میں کوئی عام قانون نہیں بنایا جا سکتا۔ میں کہہ سکتا ہوں کہ مولانا مودودی صاحب ایک اچھے عالم تھے، اور خدا ترس بھی تھے۔ انہوں نے جو فتویٰ دیا ہے اس پر عمل کیا جا سکتا ہے اگر چہ مجھے دو بہنوں سے ایک ساتھ نکاح کرنا غلط معلوم ہوتا ہے جس کی قرآن (۴:۲۳) نے (وَاَنْ تَجْمَعُوا بَيْنَ الْاُخْتَيْنِ) کہہ کر صریحاً ممانعت کی ہے۔ میں بہتر یہ سمجھتا ہوں کہ ان جڑواں بہنوں کا دو الگ مردوں سے نکاح کیا جائے اور جب ایک بہن کے پاس اس کا شوہر آئے تو تھوڑی دیر کے لیے دوسری بہن چادر اوڑھ کر خود کو غائب کر لے، دو بہنوں سے ایک ساتھ نکاح کرنے کے مقابل میں یہ کم تر برائی ہوگی۔ شاید اس عمل سے بھی استفادہ کیا جا سکا ہے جو فرانس میں پیش آیا تھا۔ بذات خود کوئی خاص جواب دینے سے اپنے آپ کو عاجز پاتا ہوں۔

سوال ٦: فقہ جعفریہ اور فقہ حنفیہ میں کیا فرق ہے؟ ان میں اختلاف کی وجہ کیا ہے، جبکہ امام ابو حنیفہؒ، امام جعفرؒ کے شاگرد بیان کیے جاتے ہیں۔ فقہ جعفریہ کے نافذ کرنے میں کیا قباحت در پیش ہے؟

جواب: اس سوال میں ذرا سی خامی ہے۔ یہ فرض کر لیا گیا ہے استاد اور شاگرد سو فیصد متفق ہوں گے۔ چونکہ امام ابو حنیفہؒ، امام جعفر الصادقؒ سے درس لیے تھے لہذا ان

دونوں کے خیالات میں کوئی فرق نہیں ہونا چاہیے۔ یہ میرے نزدیک علمی اور واقعاتی نقطہ نظر سے سو فیصد صحیح نہیں ہو گا۔ دونوں میں اختلاف رائے تھا۔ حتیٰ کہ امام ابو حنیفہؒ اور ان کے دو شاگرد امام ابو یوسفؒ اور امام محمدؒ میں اختلاف رہا ہے۔ یہاں تک گمان کیا جاتا ہے کہ فقہ حنفی میں ۱۵ فیصد باتوں میں امام ابو حنیفہؒ کی رائے پر، اور باقی چیزوں میں ان کی رائے کے بر خلاف ان کے شاگردوں، امام ابو یوسفؒ اور امام محمدؒ، کی رائے پر عمل کیا جاتا تھا، تو ان حالات میں یہ کہنا کہ فقہ جعفری اور فقہ حنفی بالکل یکساں ہیں درست نہیں، جب وہ یکساں نہیں ہیں تو ظاہر ہے کہ جو لوگ امام ابو حنیفہؒ کی رائے کو ترجیح دیتے ہیں وہ امام جعفر الصادقؒ کی رائے کو قبول کرنے کے لیے تیار نہیں ہوں گے۔ کیونکہ امام جعفر الصادقؒ نبی نہیں ہیں، انسان ہیں۔ نبی کے سوا، کم از کم سنیوں کے نزدیک، کوئی اور معصوم نہیں ہوتا، اور رسول اللہ ﷺ نے خود ہی پوری صراحت کے ساتھ بیان فرمادیا کہ علماء میں آپس میں اختلاف رائے ہو تو اس میں کوئی حرج نہیں، بلکہ وہ خدا کی رحمت ہی ہے۔ ان حالات میں اگر امام ابو حنیفہؒ اپنے استاد امام جعفر الصادقؒ سے اختلاف کرتے ہیں تو استاد کی توہین کے لیے نہیں بلکہ پوری دیانتداری کے ساتھ پوری خدا ترسی کے ساتھ وہ جو رائے رکھتے ہیں، اسے بیان کرتے ہیں، جب قانون میں اختلاف ہے تو ان حالات میں اگر ایک ہی قانون سارے فرقوں کے لیے نافذ کیا جائے، تو وہ کہ پاکستان میں جعفری فقہ نافذ کرنا چاہیں اور حنفیوں کی تعداد بہت بڑی اکثریت رکھتی ہے، تو انہیں مجبور کرنا ایک شورش پیدا کرنے کا وسیلہ بنے گا اور بالکل بے سود سی چیز ہو گی۔ وہ اس پر عمل نہیں کریں گے۔ میں ایک مثال آپ کو دیتا ہوں اس سے اندازہ ہو گا کہ دونوں قوانین میں کس قسم کا فرق پایا جاتا ہے۔ اگر کسی شخص کی وفات ہو جائے اور اس کا ایک بھانجا اور ایک بھتیجا موجود ہو تو حنفی قانون کہتا ہے کہ بھانجے کو کچھ حصہ نہیں ملے گا اور پوری رقم بھتیجے کو ملے

گی اور جعفری قانون کہتا ہے کہ پورا ورثہ بھانجے کو ملے گا، بھتیجا محروم رہے گا، ان حالات میں آپ بتائیں کہ ہم ایک ہی قانون کیسے سارے لوگوں پر نافذ کریں، جبکہ کچھ لوگوں کا خیال ہے کہ یوں ہونا چاہیے اور کچھ لوگ اس ماخذ یعنی قرآن و حدیث سے استنباط کر کے یہ کہتے ہیں کہ یوں نہیں ہونا چاہیے۔ میرا خیال یہ ہے کہ ایک ہی قانون سارے فرقوں کے لوگوں پر نافذ کرنا مناسب نہیں، یعنی جہاں تک personal قوانین کا تعلق ہے۔ البتہ جو اجتماعی قوانین ہیں، ان میں فرق نہیں کیا جا سکتا۔ مثلاً پارلیمنٹ کے انتخابات، انتظامیہ Administration کے معاملات وغیرہ۔ اس میں ملک کے مختلف نمائندوں کی اکثریت جو اصول طے کرے گی اس پر عمل کرنا ہوگا۔ کیونکہ ان مسائل کے متعلق تفصیلیں قرآن و حدیث میں ہمیں نہیں ملیں گی۔ مثلاً نظامِ حکومت کیا ہو؟ اس بارے میں اسلام کوئی حکم نہیں دیتا۔ بادشاہت بھی جائز ہے اور اگر جمہوریت ہو تو وہ بھی جائز ہے اور جماعت کی حکومت ہو تو وہ بھی جائز ہے۔ ان سب کو جب اسلام جائز قرار دیتا ہے تو ان حالات میں ہر دور کے اور ہر ملک کے لوگ باہم مشاورت کے ساتھ خود ہی طے کریں گے کہ ہمیں کون سا طرز حکومت اپنے زمانے کے لیے اختیار کرنا چاہیے۔ آپ شاید اس بات کو ضرورت سمجھیں کہ میں بتا دوں کہ میں کیوں بادشاہت کو بھی جائز قرار دیتا ہوں۔ بعض احباب فوراً کہیں گے کہ قرآن مجید میں ملکہ سبا بلقیس کے ضمن میں ذکر آیا ہے (اِنَّ الْمُلُوکَ اِذَا دَخَلُوا قَرْیَۃً اَفْسَدُوھَا) (۲۷:۳۴) (جب بادشاہ کسی فاتحانہ بستی میں داخل ہوتے ہیں تو وہاں فساد برپا کرتے ہیں) اس سے ہمارے بھائی استدلال کریں گے کہ بادشاہت کے خلاف حکم ہے، مگر میں بڑے ادب کے ساتھ عرض کروں گا کہ قرآن مجید میں اچھے بادشاہوں کا ذکر بھی ہے، اور برے بادشاہوں کا بھی، جہاں ایک طرف فرعون اور نمرود جیسے ظالم بادشاہ کا ذکر آیا ہے، وہاں حضرت داؤد اور حضرت سلیمان علیہم السلام

جیسے پیغمبروں کو بھی بادشاہ کا لقب دیا گیا ہے۔ جب ایسے جلیل القدر پیغمبر بادشاہت کر چکے ہیں تو پھر ہم اسے حرام کیسے قرار دے سکتے ہیں۔ قرآن میں یہ آیت جو بلقیس کے سلسلے میں آئی ہے اس کا جواب میں یہ دوں گا کہ یہ بلقیس کے خیالات تھے جو قرآن نے نقل کیے ہیں اس سے زیادہ ان کی کوئی اہمیت نہیں ہے، اگر آپ کے خیال میں بادشاہت مناسب ہے تو اسے اختیار کیجیے، آپ کے خیال میں مناسب نہیں ہے تو نہ کیجیے۔ خود ہمارے رسول اکرم ﷺ نبی ہی نہیں ساتھ ساتھ بادشاہ بھی رہے ہیں۔ یہ آپ کی توہین نہیں بلکہ آنچہ خوباں ہمہ دارند تو تنہا داری کا مصداق ہے۔

سوال ۷: کیا عصرِ حاضر کے اہم مسائل کو مشاورتی طریق سے ممالک اسلامیہ کے ممتاز علماء اور اسکالر کا ایک عالمی بورڈ بنا کر، حل کیا جا سکتا ہے؟ اس کا طریق کار یا اس کے عملی انتظامات کیا ہونے چاہئیں؟

جواب: میں اسے ناقابل عمل پاتا ہوں۔ اس لحاظ سے کہ ان علماء کی ضرورت صرف ایک دن کے لیے ایک ہفتے کے لیے نہیں ہو گی۔ ساری دنیا کے ماہر ترین علماء کو آپ بے شک بہاولپور میں جمع کر سکتے ہیں۔ ایک دن کے لیے یا ایک ہفتے کے لیے، یا ایک ماہ کے لیے لیکن ان کو ساری عمر یہاں رکھا جائے یہ ناممکن ہو گا۔ عالمی بورڈ کا یہ منصوبہ ناقابل عمل ہے لیکن اگر اجماع کی صورت پیدا کرنے کے لیے کوئی ادارہ تشکیل دینا مقصود ہو تو اس بارے میں تفصیل سے بحث کرنے کا موقع نہیں۔ البتہ مختصراً کچھ عرض کیے دیتا ہوں۔ میرا خیال ہے کہ اسلامی ممالک کا جو ذکر یہاں کیا گیا ہے، وہ ناکافی ہو گا۔ مسلمان علماء چاہے جہاں کہیں ہوں، روس میں ہوں یا امریکہ میں، یا پاکستان میں، ان کے ساتھ تعلق رکھنے، اور ان کے مشوروں سے استفادہ کرنے کے لیے یہ ضروری نہیں کہ انہیں ایک جگہ بلا لیا جائے یا ایک جگہ رہنے پر مجبور کیا جائے۔ اس کے برخلاف یہ ہو سکتا ہے کہ

ہر ملک میں علماء کی ایک انجمن بنے، جس کو ایک صدر مرکز سے منسلک کر دیا جائے۔ صدر مرکز کی طرف سے جب ایک سوال کسی ملک کو جائے گا۔ مثلاً فرانس کو، تو فرانس کی انجمن کا سیکرٹری فرانس میں رہنے والے سارے مسلمان ماہرینِ فقہ اسلامی کو اس کی نقل بھیجے گا اور ان سے کہے گا کہ اس بارے میں آپ اپنی رائے سے جلد از جلد مدلل طور پر اطلاع دیجیے۔ جب وہ جوابات جمع ہو جائیں تو ان کا خلاصہ صدرِ مرکز کو بھیج دے گا۔ اس طرح صدرِ مرکز کے پاس تمام ممالک کی انجمنوں سے جوابات آئیں گے۔ صدرِ مرکز کے سیکرٹریٹ میں ان جوابات کو مرتب کیا جائے۔ اگر اتفاق رائے ہوتے اسے اجماع قرار دیا جائے اور اگر اتفاق رائے نہیں ہے تو صدر مرکز کو چاہیے کہ دوبارہ وہی سوال ساری شاخوں میں گشت کرائے، اور موافق اور مخالف دونوں فریقوں کی آراء کے ساتھ دلائل کی وضاحت بھی کرے۔ اس مکرّر گشت کے موقع پر ممکن ہے جو لوگ ایک خاص رائے رکھتے تھے اب اپنے فریق مخالف کی دلیلوں کو معقول سمجھ کر اپنی رائے بدل دیں۔ جب بار دیگر جوابات آئیں گے، اس وقت ان کو دوبارہ شائع کیا جا سکتا ہے۔ اتفاق رائے ہو گیا ہے تو الحمد للہ اور اگر اتفاق نہیں بھی ہوا ہے تب بھی ہم کہہ سکتے ہیں کہ اتنے لوگ یا فلاں فلاں لوگ یہ رائے رکھتے ہیں، فلاں فلاں لوگ دوسری رائے رکھتے ہیں۔ یہ طریقہ قابلِ عمل ہو گا۔ اس سے ایک شخص جو خاص معیّن کام پر نہیں ہے بلکہ اس ملک کا دوسرا ہے اس کی رائے سے ہم یہاں رہ کر بھی استفادہ کر سکتے ہیں۔

سوال ۸: قرآن کریم نے ربوا کو حرام قرار دیا ہے۔ وہ کون سا ربوا ہے؟ کیا کمرشل انٹرسٹ پر اس کا اطلاق ہو گا یا نہیں ہو گا۔ اگر ہو گا تو اس کی علّت کیا قرار دی جائے گی؟

جواب: میں معاشیات (Economics) کا ماہر نہیں ہوں لیکن میں سمجھتا ہوں کہ ربوا ممنوع ہے۔ ربوا کا مقصد یہ رہا ہے کہ یک طرفہ جوکھم سے منفعت حاصل کی جائے۔

مثلاً ایک شخص سے کچھ رقم بطور قرض حاصل کرتا ہوں اور وعدہ کرتا ہوں کہ اس کو قرض کی ادائیگی تک سالانہ مثلاً ۵ فی صد زائد رقم بطور سود ادا کروں گا۔ قرض کی رقم سے میں تجارت کرنا چاہتا ہوں۔ فرض کیجیے کہ مجھے اس تجارت کی منفعت میں سے ۵ فی صد سود سالانہ ادا کرنا ہے۔ اگر منفعت اس سے زیادہ ہو اس صورت میں تو کوئی دشواری نہ ہوگی لیکن یہ بھی ممکن ہے کہ مجھے ایک سال خسارہ ہو۔ اس خسارے کے باوجود میرے لیے لازم ہوگا کہ قرض دہندہ کو حسبِ وعدہ ۵ فی صد سالانہ ادا کروں کیونکہ وہ نقصان میں شریک نہیں، صرف منفعت میں شریک ہونا چاہتا ہے۔ اسے اسلام کے اخلاقی اقدار کے منافی قرار دے کر منع کر دیا گیا ہے۔ اس کے برخلاف اگر ایسے بینک کا سود ہو جس میں قرض دہندہ اور قرض حاصل کنندہ، دونوں منفعت اور خسارے میں برابر کے تناسب سے شریک رہنے پر آمادہ ہیں تو وہ ربوا نہیں رہتا۔ اسے اسلام جائز قرار دیتا ہے۔

سوال ۹: حکومت جو دیگر ممالک سے سودی قرض لیتی ہے کیا اس قسم کا سودا کرنا جائز ہوگا؟

جواب: اس کا جواب میرے لیے ناممکن ہے، اس لیے کہ حکومت بعض وقت مجبور ہوتی ہے اور وہی اپنے مفاد کو بہتر سمجھتی ہے۔ چونکہ میں اس کے رازوں میں شریک نہیں ہوں اس لیے کچھ کہہ نہیں سکتا۔ حکومت ہی نہیں، ہم آپ بھی بوقت ضرورت قرض لینے پر مجبور ہو جاتے ہیں۔ فرض کیجیے کہ اس وقت کوئی اللہ کا بندہ مال دار شخص ہمیں بے سود قرض دینے کے لیے نہیں ملتا تو ہم کیا کریں؟ مجبوراً قرض لیں گے اور سُود ادا کرنے کا وعدہ کریں گے۔ خدا شاید ہمیں معاف کر دے گا لیکن اس سُود خور کو معاف نہ کرے گا۔ حکومت بھی اگر سودی قرض لینے پر مجبور ہے تو ممکن ہے خدا اس کی نیک نیتی سے واقف ہو اور اسے معاف کر دے۔ اگر اس کا منشاء شاندار محل بنانا ہے تو اللہ اسے بھی سزا دے

سکتا ہے۔

سوال ۱۰: داڑھی عرب کا خاص رواج ہے، یہاں تک کہ مشرک لوگ بھی داڑھی رکھتے تھے۔ رسم و رواج شرعی نقطہ نظر نہیں بن سکتے لیکن آج کل داڑھی کو سنت مؤکدہ سمجھا جاتا ہے۔ ازراہِ کرم اس کی وضاحت کریں۔ شکریہ۔

جواب: میں عرض کروں گا کہ مشرکینِ عرب ہی نہیں، کارل مارکس بھی داڑھی رکھتا تھا، انڈوچائنا کے ہوچی منہ کی بھی داڑھی تھی، لینن کی بھی داڑھی تھی۔ آپ پیرس آئیں گے کہ ہزاروں فرانسیسی نومسلم داڑھی رکھتے ہیں۔ آپ داڑھی کے فرنچ کٹ سے بھی واقف ہوں گے۔ میں اس کا قائل نہیں ہوں کہ داڑھی دوسروں کی تقلید میں رکھی جائے، آپ بھی قائل نہیں ہوں گے۔ دیکھنا یہ ہے کہ اس بارے میں قرآن و حدیث میں کیا احکام ہیں؟ قرآن مجید میں ایک جگہ اشارتاً ذکر آیا ہے کہ حضرت موسیٰؑ کوہ طور سے نیچے اترے تو دیکھا کہ ان کی قوم یعنی یہودی گاؤپرستی میں مشغول ہیں۔ وہ اپنے بھائی حضرت ہارونؑ کو اپنا نائب بنا کر چھوڑ گئے تھے، ان پر خفا ہوئے۔ قرآنی الفاظ (قَالَ یَا ابْنَ اُمَّ لَا تَاْخُذْ بِلِحْیَتِیْ وَلَا بِرَاْسِیْ ۚ اِنِّیْ خَشِیْتُ اَنْ تَقُوْلَ فَرَّقْتَ بَیْنَ بَنِیْ اِسْرَائِیْلَ وَلَمْ تَرْقُبْ قَوْلِیْ ۲۰:۹۴) ہیں کہ حضرت ہارونؑ کی داڑھی کو کھینچ کر ان کے ساتھ سختی کا برتاؤ کیا۔ یہ اشارتاً ذکر ہے یعنی داڑھی رکھنا پیغمبروں کی سنت ہے۔ حدیث میں اس سے زیادہ صریح الفاظ ملتے ہیں "داڑھی رکھو" اس حدیث اور سنت رسول کے پیش نظر داڑھی رکھنا محض رسم و رواج نہیں بلکہ اسلامی حکم بن جاتا ہے۔ حکم کے متعلق آپ کو معلوم ہوگا کہ درجات پائے جاتے ہیں۔ یعنی اگر فرض کیجیے کہ قرآن میں صیغہ امر استعمال کر کے کہا گیا ہے کہ "زکوٰۃ دو" اور وہی صیغہ امر استعمال کر کے یہ بھی کہا گیا ہے کہ "خیرات دو" تو ظاہر ہے دونوں حکم یکساں نہیں ہے۔ اگر زکوٰۃ دوں لیکن اگر میں

خیرات سے انکار کر دوں تو حضرت ابو بکرؓ ممکن ہے مجھے یہ کہیں کہ یہ برا مسلمان ہے، لیکن مجھے تلوار کے ذریعے مجبور نہ کریں گے۔ یعنی احکام میں درجہ بندی ہوتی ہے۔ اس لحاظ سے ہمیں یہ تسلیم کرنا پڑے گا کہ داڑھی رکھنا بے شک اسلامی حکم ہے لیکن درجے کا حکم نہیں جیسے اللہ کو ماننا جیسے رسول اللہ ﷺ کا نبی ماننا، یا مثلاً نماز پڑھنا، روزہ رکھنا وغیرہ۔ اس کا درجہ نسبتاً فروتر ہوگا۔

سوال ۱۱: جیسا کہ آپ کہہ چکے ہیں کہ لونڈیوں کو اس لیے پردہ نہ کرنے کی اجازت تھی کہ وہ کام کاج کرتی تھیں، انہیں سوداسلف خریدنے کے لیے باہر جانا پڑتا تھا۔ جبکہ آج کل کے دور میں عورت کو ملازمت کے سلسلے میں باہر جانا پڑتا ہے، تو کیا ان کے لیے بھی وہی حکم ہوگا جو لونڈیوں کے لیے تھا، کیونکہ احکام علت پر مبنی ہوتے ہیں۔ علت کے بدل جانے سے احکام بدل جاتے ہیں۔ فقہی نقطہ نظر سے اس مسئلے کی وضاحت کیجیے۔

جواب: مجھے یقین ہے کہ میری بہنیں جو یہاں موجود ہیں وہ لونڈی بننا پسند نہیں کریں گی۔ میں نے یہ نہیں کہا کہ لونڈیوں کو پردہ نہ کرنے کی جو اجازت دی گئی تھی اس کی علّت وہی ہے جو میں نے بیان کی۔ میں نے صرف ایک ذاتی رائے ظاہر کی تھی۔ قانون ساز صرف حکم دیتا ہے، قانون کی وجہ اور ضرورت کی توضیح وہ خود نہیں کرتا۔ اسے ہم سوچتے ہیں اور ہماری سوچ چونکہ ہماری ہوتی ہے، قانون ساز یعنی خدا اور رسول (ﷺ) کی نہیں ہوتی۔ اس لیے میں یہ کہوں گا کہ اگر میری رائے میں لونڈیوں کے پردہ نہ کرنے کی وجہ یہ تھی کہ انہیں بہت سے کام انجام دینے پڑتے تھے تو میری اپنی رائے ہے، اور یہ رائے واحد علّتِ قانون نہیں ہوگی۔ ہمارے دوست کا کہنا ہے کہ احکام علّت پر مبنی ہوتے ہیں۔ میری ذاتی رائے یہ ہے کہ احکام ہمیشہ علّت پر مبنی نہیں ہوتے۔ یہ ممکن ہے کہ شارع، قانون ساز، حاکم یعنی خدا ہماری آزمائش کے لیے ایک چیز کا حکم دے جس کی کوئی

خاص علّت نہ ہو۔ وہ ہمیں صرف آزمائش کے لیے حکم دے رہا ہے، یہ نہیں کہ ہماری اس میں فلاں مصلحت ہے، یا اس میں ہمارا فلاں فائدہ ہے۔ اس آزمائش کو آپ علّت قرار دے سکتے ہیں لیکن وہ علّت ایسی نہیں ہو گی جو میری آپ کی سمجھ میں آئے۔ جس چیز کے متعلق قانون کے سرچشمے یعنی قرآن اور حدیث میں صراحت سے ایک حکم دیا گیا ہے، وہاں اِجتہاد اور عقل کام نہیں کر سکتی۔ قرآن میں صراحت ہے کہ یوں کرو تو کرنا پڑے گا، چاہے ہمیں اس کی وجہ سمجھ میں آئے یا نہ آئے۔

سوال ۱۲: اسلامی نقطہ نظر سے حکمرانوں کو منتخب کرنے کے لیے کون سا طریقہ اختیار کیا جائے۔ کیا موجودہ طریقہ انتخابات اسلامی تقاضوں سے ہم آہنگ ہے؟

جواب: میں سمجھتا ہوں کہ اس سوال کے جواب میں کسی تفصیل کی ضرورت نہیں ہے کیونکہ ابھی میں تھوڑی دیر پہلے اس کی طرف اشارہ کر چکا ہوں۔ اسلام میں بادشاہت کی بھی اجازت ہے، جہاں بادشاہ کا بڑا بیٹا خود بخود ولی عہد بن جاتا ہے اور آیت قرآنی "وَوَرِثَ سُلَيمَانُ دَاوُودَ" (۲۷:۱۶) اس کی اجازت بھی دیتی ہے۔ جمہوریت کی بھی اجازت ہے، جماعتی Collegial حکومت کی بھی اجازت ہے۔ وہاں وہ نظام بھی پایا جا سکتا ہے جو ان سب کا ایک مجموعہ یا ان میں سے چند کا مخلوط ہو، جیسے خلافتِ راشدہ میں تھا۔ خلافتِ راشدہ بادشاہت نہیں تھی کیونکہ جمہوریت میں معیّن مدّت کے لیے (چار یا پانچ سال کے لیے) کسی کو منتخب مقرر کیا جاتا ہے اور پھر نئے انتخابات ہوتے ہیں۔ خلافت راشدہ مجموعہ تھی بادشاہت اور جمہوریت کی، یعنی ایک شخص کا تا حیات انتخاب ہوتا تھا اور یہ ساری چیزیں اسلام نے جائز قرار دیں۔ اسلام میں کسی معیّن طرزِ حکومت کو لازم قرار نہیں دیا گیا بلکہ عدل و انصاف کو لازم قرار دیا گیا ہے چاہے اس کو کوئی بھی انجام دے۔ اگر آج حضرت ابو بکر، حضرت عمر یا حضرت علی رضی اللہ عنہم اجمعین زندہ ہوں تو میں بخوشی

انہیں سارے آمرانہ اختیارات سونپنے کے لیے آمادہ ہوں کیونکہ مجھے ان کی خداترسی پر پورااعتماد ہے۔ اس کے برخلاف اگر آج یزید زندہ ہو تو اس کو انگلستان کے مہر لگانے والے بادشاہ کے برابر بھی اپنا حکمران بنانے کے لیے تیار نہیں ہوں۔ غرض یہ کہ خواہ انتخاب کیا جائے، خواہ نامزد کیا جائے یا کوئی اور طریقہ اختیار کیا جائے۔ انسانیت کی تاریخ بتاتی ہے کہ کوئی بھی چیز آغاز انسانیت سے لے کر تا قیامت کارآمد نہیں ہو سکتی۔ آج یہ چیز مفید ثابت ہوتی ہے کل اسی چیز کو برا کہہ کر ٹھکرا دیا جاتا ہے اور نئی چیز بنائی جاتی ہے۔ چنانچہ ابتدائی چار خلفاء کے زمانے میں جانشیں کے انتخاب کا کوئی قانون نہ ہونے کی وجہ سے اختلاف کی صورتیں پیدا ہوئی تھیں۔ اسی بناء پر حضرت معاویہؓ نے یہ مناسب خیال کیا کہ حکومت میں استقلال پیدا کرنے کے لیے اور حکومت کو خانہ جنگیوں سے بچانے کے لیے بادشاہت کا نظام نافذ کیا جائے۔ اپنے بیٹے کو بادشاہ بنانے کے لیے نہیں بلکہ اُمت کی بھلائی کے لیے انہوں نے بجائے جمہوریت کے بادشاہت کو نافذ کیا۔ کچھ عرصے کے بعد بادشاہت نامناسب پائی گئی تو ہم نے بادشاہت کے خلاف بھی بغاوت کی۔ غرض یہ کہ انسان کبھی ایک ہی چیز پر ہمیشہ ہمیشہ کے لیے مطمئن نہیں رہ سکتا۔ حکومت کے اچھے یا برے ہونے کا انحصار حکمران کی شخصیت پر ہے۔ اچھا حکمران چاہے ڈکٹیٹر ہو، خوشی سے عوام اسے قبول کر لیتے ہیں۔ ظالم حکمران چاہے جمہوریت کا صدر ہی کیوں نہ ہو، اسے ہم رد کر دیتے ہیں۔

خطبہ نمبر ٦

محترم وائس چانسلر صاحب! محترم اساتذہ کرام اور محترم مہمانان گرامی!

السلام علیکم ورحمۃ اللہ وبرکاتہ!

رسول اللہ ﷺ کی ذات محض خوش اعتقادی کے لحاظ سے نہیں، واقعاتی حیثیت سے بھی بہت ہی جامع شخصیت ہے۔ اس شخصیت کی وضاحت کے لیے ایک مورخ اور سوانح نگار کو مختلف پہلوؤں کا ذکر کرنا پڑتا ہے۔ آنچہ خوباں ہمہ دارند تو تنہا داری، تمام سابقہ پیغمبروں کے خصائل رسول اللہ ﷺ میں ملیں گے۔

اگر ہم لفظ نبی کے معنی محدود کرلیں کہ نبی دین سکھاتا ہے آپ ﷺ نے ہمیں دین کی تعلیم بھی دی ہے اور اگر اس کے وسیع معنی لیں تو وہ تمام کارنامے جو آپ ﷺ نے انجام دیے، وہ سب ہی منصب نبوت کے اجزاء یا شعبے ہوں گے۔ نبوت کی تمام شاخوں یا شعبوں کا اگر ہم علیحدہ علیحدہ ذکر کرنا چاہیں تو ایک نشست میں ساری چیزوں پر روشنی ڈالنا ناممکن ہوگا۔ ظاہر ہے کہ انسب کارناموں میں دین کی تعلیم ہی کو اولیت حاصل ہے، کیونکہ اسی کے لیے آپ ﷺ بعثت سے لے کر وفات تک، ساری عمر سعی فرماتے رہے۔ خوش قسمتی سے ہمیں دین کے سلسلے میں ایک سہولت یہ حاصل ہے کہ خود آپ کی ہی ایک حدیث میں اس کا خلاصہ بیان کیا گیا ہے۔ یہ حدیث صحاح ستہ کی ساری کتابوں یعنی بخاری ومسلم وغیرہ میں موجود ہے۔ ایک روایت میں یہ صراحت بھی آتی ہے کہ اس واقعے کا تعلق حضور ﷺ کی زندگی کے آخری دور بلکہ شاید آخری سال سے ہے۔ وہ حدیث یہ ہے کہ ایک دن ایک اجنبی مسجد نبوی میں داخل ہوتا ہے، جسے کوئی نہیں

پہچانتا۔ اس کے جسم پر سفید براق کپڑے ہیں اور اس کے سر کے بال بے حد سیاہ ہیں۔ لکھا ہے کہ وہ شخص رسول اللہ ﷺ کے پاس آکر، آپ کے سامنے گھٹنوں سے گھٹنے ملا کر بیٹھ گیا اور پوچھا کہ اے محمد (ﷺ) ایمان کیا چیز ہے؟ حضور ﷺ نے اس کی تشریح فرمائی اس جواب پر اجنبی سائل کہتا ہے: "آپ نے بہت ٹھیک کہا" راوی کا بیان ہے کہ ہم سب لوگ حیرت زدہ تھے کہ یہ کون ہے جو سوال بھی پوچھتا ہے اور جواب کی توثیق بھی کرتا ہے۔ پھر اس کے بعد اس نے دوسرا سوال کیا کہ اسلام کیا چیز ہے؟ اس کی بھی حضور ﷺ نے تشریح فرمائی۔ اس جواب پر بھی اس نے کہا "آپ ٹھیک کہتے ہیں"۔ پھر پوچھا کہ احسان کیا چیز ہے؟ احسان کی بھی حضور ﷺ نے تشریح فرمائی۔ اس پر بھی یہی کہا کہ آپ ٹھیک کہتے ہیں۔ اس کے بعد آخری سوال کیا کہ قیامت کب آئے گی؟ حضور ﷺ کے الفاظ یہ تھے کہ "اس بارے میں سائل سے زیادہ مجھ (ﷺ) کو کوئی علم نہیں" یعنی نہ میں جانتا ہوں نہ تم جانتے ہو، صرف خدا ہی جانتا ہے۔ اس کے بعد وہ شخص اٹھا اور باہر چلا گیا۔ حضور ﷺ نے کسی صحابیؓ سے کہا کہ دیکھو، یہ کون ہے؟ وہ اس کے پیچھے گئے اور چند لمحوں میں وواپس آکر کہا وہ غائب ہو گیا ہے، معلوم نہیں اسے زمین نگل گئی یا آسمان کھا گیا۔ اس کے بعد جو واقعہ پیش آیا وہ مختلف روایتوں میں مختلف طریق سے بیان ہوا ہے۔ ایک روایت میں ہے کہ حضور ﷺ نے فوراً کہا۔ دوسری روایت میں ہے کہ چند دن بعد کہا کہ یہ شخص جبرئیلؑ تھے جو تمہیں تمہارا دین سکھانے آئے تھے۔ جس روایت میں کئی دنوں کے بعد حضور ﷺ نے بیان فرمایا اس روایت میں اس جملے کا اضافہ بھی ہے کہ آج تک جبرئیلؑ کو پہچاننے میں مجھے دشواری پیش نہیں آئی، کہ میں نہ پہچان سکوں۔ گویا اگر جبرئیلؑ امتحان کے لیے آئیں تو یہ ضروری نہیں کہ رسول اللہ ﷺ بھی ان کو پہچان سکیں۔ بہر کیف اس حدیث میں تین چیزوں کی وضاحت کی گئی

ہے۔ ایمان کیا چیز ہے؟ اسلام کیا چیز ہے؟ احسان کیا چیز ہے؟ انہیں تین باتوں کو بہ الفاظِ دیگر عقائد، عبادات اور تصوف کہا جا سکتا ہے۔ بظاہر یہ موضوع غیر دلچسپ ہے کہ کیونکہ ہر شخص جانتا ہے کہ ایمان سے کیا مراد ہے؟ اللہ کو ایک ماننا، رسول اللہ کو ایک ماننا۔ اسی طرح عبادات کے بارے میں ہم میں سے ہر ایک شخص واقف ہے کہ نماز، روزہ، حج، زکوٰۃ چار چیزیں ہم پر فرض ہیں۔ کچھ باتیں تصوف کے متعلق بھی ہر شخص کو معلوم ہیں۔ لیکن اگر ہم ان میں سے ہر چیز کے مختلف پہلوؤں کو لے کر دیگر مذاہب سے مقابلہ کریں تو اس موضوع میں دلچسپی پیدا ہو جاتی ہے۔

پہلے ایمان و عقائد کو لیجئے۔ اس کے بہت سے اجزاء اور عناصر ہیں۔ مثلاً توحید الٰہی پر ایمان، اللہ کی بھیجی کتابوں پر ایمان، اس کے رسولوں پر ایمان، فرشتوں پر ایمان، آخرت اور روز جزاء پر ایمان، خیر و شر کے من جانب اللہ ہونے پر ایمان۔ اگر ہم ان عقائد کا دیگر مذاہب کے مماثل عقائد سے مقابلہ کریں تو اسلام کی امتیازی حیثیت ظاہر ہوتی ہے اور ایسے نکتے نظر آتے ہیں جن پر واقعی آدمی سر دھننے لگتا ہے۔ عقائد کے سلسلے میں پہلی چیز اللہ پر ایمان ہے۔ بعض ادیان اللہ کے ایک ہونے کے قائل ہیں اور اس بات کو صراحت کے ساتھ بیان بھی کرتے ہیں۔ حتی کہ عیسائی بھی، جن کے متعلق عام طور پر یہ تصور ہے کہ وہ تثلیث پر ایمان رکھنے کے باعث ایک نہیں بلکہ تین خداؤں کو مانتے ہیں۔ اسی طرح پارسی بھی خدا کے ایک ہونے پر ایمان کا اظہار کرتے ہیں۔ ہندوؤں کے ہاں بھی بعض فرقے ایسے ہیں جو توحید ربانی پر ایمان رکھتے ہیں۔ اگر ہم غور سے دیکھیں تو نظر آتا ہے کہ اسلام کا نظریہ توحید، بہ نسبت اور دینوں کی تعلیم کے زیادہ معقول زیادہ سادہ اور زیادہ اچھا ہے۔ مثال کے طور پر عیسائیوں کے ہاں، جیسا کہ میں نے ابھی بیان کیا، تثلیث کا تصور پایا جاتا ہے۔ لیکن کسی عیسائی سے پوچھو اور اس سے کہو کہ تم تین خداؤں

پر ایمان رکھتے ہو تو وہ تم سے لڑ پڑے گا۔ کہے گا قطعاً نہیں، ہم ایک ہی خدا کو مانتے ہیں: باپ، بیٹا اور روح القدس، یہ تینوں ایک ہی خدا کے مظہر ہیں۔ میں زیادہ تفصیل میں نہیں جاؤں گا۔ صرف چند اشارے کروں گا کہ ان کا یہ بیان، کہ تثلیث سے مراد توحید ہی ہے، داخلی تضاد کے باعث ناقابل قبول ہو جاتا ہے۔ چنانچہ ابھی حال ہی میں کوئی سال ڈیڑھ سال کا عرصہ گزرا پیرس میں ایک عیسائی ادارے کی طرف سے مجھے دعوت ملی کہ کسی اسلامی موضوع پر لیکچر دوں اور میں اس میں اسلامی عقائد کا ذکر کروں۔ وہاں میرا تعارف کراتے ہوئے وہاں کی پروٹسٹنٹ یونیورسٹی کے ریکٹر (Rector) نے بظاہر مجھ کو سمجھانے کے لیے اصرار اور تکرار سے کہا کہ عیسائی تین خداؤں کو نہیں مانتے، ایک ہی خدا کو مانتے ہیں۔ اس کے بعد میں نے اپنی تقریر شروع کی اور اس کا مجھے جواب دینا ایک لحاظ سے ضروری ہو گیا۔ میں نے کہا کہ اگر عیسائی واقعی صرف ایک خدا کو مانتے ہیں تو بسر و چشم، لیکن عیسائیوں کے ہاں ایک طرف اصرار کے ساتھ یہ ادعا ہے کہ خدا ایک ہے اور دوسری طرف ان کے ہاں آمنت باللہ کی طرح کی جو Creed پائی جاتی ہے اسی میں ایسی چیزیں بیان کی ہوتی ہیں جو اس کی تائید نہیں کرتیں بلکہ تردید کرتی ہیں۔ غالباً آپ کو علم ہو گا کہ جس طرح مسلمانوں کے ہاں "آمَنْتُ بِاللّٰہِ وَمَلَائِکَتِہٖ وَکُتُبِہٖ وَرُسُلِہٖ" کی طرح ایک Creed پائی جاتی ہے۔ اسی طرح عیسائیوں کے ہاں بھی ہے، جس کے الفاظ کم و بیش اس طرح ہوتے ہیں کہ میں خدا پر ایمان لاتا ہوں اور خدا کے اکلوتے بیٹے حضرت عیسیٰؑ پر ایمان لاتا ہوں۔ جن کو فلاں بادشاہ کے زمانے میں تکلیف دے کر صلیب پر مارا گیا۔ پھر وہ جہنم میں گئے تین دن وہاں رہے اس کے بعد آسمان پر گئے وہاں خدا کے داہنے ہاتھ پر بیٹھے۔ آئندہ زمانے میں وہ دوبارہ آئیں گے تاکہ زمین پر زندوں اور مردوں کا حساب لیں۔ پھر اس کے بعد کچھ اس طرح کے الفاظ ہوتے ہیں کہ "گوشت پوست ہی کے ساتھ

ہمارا حشر ہو گا اور ابدی زندگی حاصل ہو گی" تو میں نے اشارہ کیا کہ "اگر یہ عقیدہ ہے کہ حضرت عیسیٰؑ آسمان پر جانے کے بعد خدا کے داہنے ہاتھ پر بیٹھے تو کوئی شخص خود اپنے داہنے ہاتھ پر نہیں بیٹھتا۔ اس کے معنی یہی ہوں گے کہ حضرت عیسیٰؑ الگ ہیں اور خدا الگ ہے۔ وہ خدا کے معزز مہمان ہو سکتے ہیں کہ خدا کے داہنے ہاتھ پر بیٹھے ہیں لیکن وہ خود خدا نہیں ہو سکتے۔" اس طرح آپ دیکھتے ہیں کہ عیسائیوں کے ہاں توحید کا تصور ہونے کے باوجود اظہار (Formulation) اس طرح ہوتا ہے جو قابل قبول نہیں رہتا بلکہ خود اپنی تردید کرتا ہے۔

غرض توحید کے معلق مسلمانوں کا تصور اتنا سادہ ہے اور اس قدر پر زور ہے کہ اس طرح کی کوئی چیز دوسرے مذاہب میں نظر نہیں آتی۔ ابھی میں نے پارسیوں کے مذہب کا ذکر کیا ہے۔ زردشت بھی خدا کے ایک ہونے کا قائل ہے لیکن ساتھ ہی ساتھ وہاں ثنویت یعنی دو خداؤں کا تصور بھی پیدا ہو گیا ہے۔ زردشت کہتا ہے برائی کو خدا کی طرف منسوب نہیں کیا جا رہا، نہ صرف یہ کہ خدا خود برا کام نہیں کرتا بلکہ یہ بھی کہ برائی کا پیدا کرنے والا بھی خدا نہیں ہو سکتا، یہ خدا کی ذات کے منافی ہے کہ خدا جیسی پاک ہستی برائی کو پیدا کرے۔ لہٰذا وہ کہتا ہے کہ برائی کا خالق الگ ہے اور بھلائی کا خالق الگ۔ اس طرح دو الگ خالق یا خدا ہیں۔ یہ نظریہ تو نیک نیتی پر مبنی ہے کیونکہ خدا کی عظمت کا احترام کرتے ہوئے وہ کہتا ہے کہ خدا برائی پیدا نہیں کرتا لیکن سوال یہ ہے کہ دنیا میں چونکہ اکثر اوقات برائی کو غلبہ حاصل ہوتا ہے اور بھلائی کو شکست ہوتی ہے، گویا بھلائی کا خدا مغلوب ہو جائے، کیا ہم اسے خدا تسلیم کریں گے؟ علمی نقطہ نظر سے یہ دشواریاں جو اس طرح کے تصورات سے پیدا ہوتی ہیں وہ اسلامی تعلیم توحید میں بالکل نہیں، اسلامی عقیدہ توحید میں زور دیا گیا ہے کہ اللہ جل شانہ کے سوا کوئی معبود نہیں۔ ایک طرف کامل نفی

ہے، دوسری طرف استثناء کے ذریعے سے محدود بھی کر دیا گیا ہے کہ صرف یہی اللہ ہے۔ یہ زور بیان کسی اور مذہب کی تعلیم میں نظر نہیں آتا۔ حتی کہ یہودیوں کے ہاں بھی صرف اتنا ہے کہ خدا ایک ہے لیکن یہ زور کہ لا الہ الا اللہ (کوئی معبود نہیں بجز اللہ کے) وہ امر ہے جو یہود کی تعلیم میں بھی نہیں ملتا۔

اس کے بعد دوسرا عقیدہ فرشتوں سے متعلق ہے۔ اس کو بھی اکثر مذہب قبول کرتے ہیں۔ پارسی، یہودی، عیسائی اور مسلمان سب اس پر ایمان رکھتے ہیں، لیکن وقت کی کمی کے سبب میں اس پر بحث نہیں کروں گا۔

اس کے بعد عقائد کا تیسرا جزو کتابیں ہیں یعنی میں اللہ تعالی کی بھیجی ہوئی کتابوں پر ایمان لاتا ہوں۔ یہ اتنا اہم کلمہ ہے کہ اس کے مماثل ہمیں کوئی چیز دوسرے مذاہب میں نظر نہیں آتی، وہ اس لیے کہ اگر یہاں یہ کہا جاتا ہے "میں کتاب پر ایمان لاتا ہوں" یعنی قرآن مجید پر تو یہ صرف ایک کتاب ہوتی لیکن ہمیں یہ تعلیم دی گئی ہے کہ ایک کتاب پر نہیں بلکہ خدا کی بھیجی ہوئی ساری کتابوں پر ایمان لانا ضروری ہے۔ اس عقیدے میں ایک طرف فراخ دلی اور وسیع القلبی کا پہلو ہے اور دوسری طرف اسلام کے عالمگیر ہونے اور ابتداء سے لے کر قیامت تک مسلسل جاری رہنے کا تصور بھی ہے۔ کیونکہ اگر ہم کتابوں پر ایمان لائیں تو اس کے معنی یہ ہوئے کہ آدمؑ سے لے کر محمد رسول اللہ ﷺ تک جتنی بھی کتابیں آئی ہیں وہ سب مختلف لوگوں کی نہیں ہماری اپنی کتابیں ہیں۔ مثلاً توریت یہودیوں کی ہی کتاب نہیں بلکہ ہماری کتاب بھی ہے۔ انجیل عیسائیوں ہی کی کتاب نہیں بلکہ ہماری کتاب بھی ہے۔ ایسی تعلیم ہمیں دوسرے مذاہب میں نہیں ملتی۔ عام طور پر دوسرے مذاہب والے یہ کہتے ہیں کہ سارے مذاہب غلط ہیں، انہیں چھوڑ دو، صرف ہمارا مذہب سچا ہے۔ میں بھی بطور مسلمان کے یہی کہوں گا کہ میرا دین سچا ہے لیکن

دوسرے مذاہب بھی اللہ کی طرف سے بھیجے ہوئے سچے اور الٰہی مذہب ہیں، اگرچہ ان پرانے مذاہب پر عمل نہیں کرتا۔ اسلامی تعلیم یہ ہے کہ خدا کی بھیجی ہوئی ساری کتابیں خدا ہی کا حکم ہیں اور اسی بنا پر ہمارے لیے قابل احترام ہیں۔ مگر اس اصول کی بنا پر کہ آخری کتاب پر عمل کرتے ہیں۔ اس سے پہلے کی کتابوں پر عمل تو نہیں کرتے لیکن ان کو تسلیم ضرور کرتے اور ان کا احترام کرتے ہیں۔ اس سے پہلے ایک نفسیاتی فائدہ اور بھی ہے کہ اگر میں کسی یہودی یا کسی عیسائی کو یہ کہوں کہ تیرا مذہب جھوٹا ہے، تیری نجات کا واحد ذریعہ یہ ہے کہ تو اسلام قبول کرلے، تیرے پاس جو کتابیں ہیں وہ لغو اور جلا دینے کے قابل ہیں تو اسے دکھ ہوگا اور غالباً وہ جوش غضب سے اس قدر مغلوب ہو جائے گا کہ اسلام کی حقانیت کے بارے میں میری کوئی بات سننے یا ماننے کے لیے تیار نہ ہوگا۔ اس کے برخلاف اگر میں اس سے یہ کہوں کہ تمہارا دین سچا ہے، تمہارے ہاں کی کتاب بھی سچی ہے، وہ اللہ کی طرف سے بھیجی ہوئی کتاب ہے اور وہی اللہ، جس نے تمہیں یہ کتاب دی، اس نے ایک آخری کتاب بھی بھیجی ہے۔ تم اس کو پڑھو اور غور کرکے دیکھو کہ اس میں کیا بیان ہوا ہے۔ وہ نسبتاً زیادہ خوش دلی کے ساتھ اس کو پڑھنے اور غور کرنے کے لیے تیار ہوگا۔ اسی طرح اللہ کے تمام رسولوں پر ایمان لانے کا جو حکم دیا گیا ہے، اس میں وہی فراخ دلی، وسیع القلبی، تحمل اور رواداری کا پہلو نظر آتا ہے۔ میں نے مسند احمد بن حنبل میں ایک حدیث پڑھی ہے جو دوسری کتابوں میں بھی ہے کہ ایک مرتبہ حضور ﷺ نے فرمایا کہ آدمؑ سے لے کر اب تک اللہ نے ایک لاکھ چوبیس ہزار نبی بھیجے ہیں، جن میں ۳۱۵ رسول تھے۔ گویا ۳۱۵ صحیفے نازل ہوئے۔ باقی ایک لاکھ تیئس ہزار چھ سو پچاسی پیغمبروں نے اپنے اپنے پیش رو نبی کی کتاب پر عمل جاری رکھا۔ ظاہر ہے کہ سارے پیغمبر مختلف زمانوں اور دنیا کے مختلف ملکوں میں آئے ہوں گے اور ان کی زبانیں بھی مختلف

رہی ہوں گی کہ وَمَآ اَرۡسَلۡنَا مِنۡ رَّسُوۡلٍ اِلَّا بِلِسَانِ قَوۡمِہٖ (قرآن ۱۴:۴)

پیغمبر کے منصب اور مقصد کے بارے میں بھی مختصراً کچھ عرض کر دوں تو بہتر ہو گا کیونکہ اس بارے میں مختلف مذاہب میں کچھ تھوڑا سا فرق نظر آتا ہے۔ بعض مذاہب میں عقیدہ یہ ہے کہ اللہ انسان کے قالب میں جنم لیتا ہے جس شخص کے اندر اللہ حلول کر جاتا ہے اس کا ہر قول اللہ کا قول، ہر فعل اللہ کا فعل ہوتا ہے۔ دوسرا تصور یہ ہے کہ اللہ اپنے کسی برگزیدہ بندے کے پاس اپنا پیغام بھیجتا ہے۔ یہ پیغام اس تک مختلف طریقہ سے پہنچایا جاتا ہے۔ کبھی تو اللہ کی براہ راست اس نبی کے کان تک پہنچتی ہے، جیسا کہ حضرت آدم اور حضرت موسیٰ کے متعلق ہے کہ خدا نے ان سے بات کی، کبھی یہ ہوتا ہے کہ وہ پیغام ایک فرشتہ لاتا ہے اور انسان تک پہنچاتا ہے۔ فرشتے کا لفظ فارسی مصدر "فرستادن" کا اسم مفعول ہے یعنی بھیجا ہوا۔ اس سے مراد وہ نوری مخلوق ہے جو اللہ کا پیغام انسان تک پہنچاتی ہے۔ ان فرشتوں میں یہ خامی نہیں ہوتی کہ پیغام کا کوئی جزو بھول جائیں یا اس کے پہنچانے میں کوئی غلطی کریں۔ فرشتے خدا کا جو پیغام لاتے ہیں، اس کو ہم اصطلاحاً "وحی" کہتے ہیں۔ سوال یہ ہے کہ وحی کیا چیز ہے؟ جو لوگ مسلمان نہیں ہیں، اور اسلام پر اعتراض کرتے رہے ہیں، وہ وحی پر بھی اعتراض کرتے ہوئے کہتے ہیں کہ یہ ایک بیماری ہے۔ گزشتہ صدی کا ایک مشہور مستشرق اشپر نگر برطانوی دور حکومت میں ہندوستان میں رہا تھا۔ اس نے علم طب کی تعلیم حاصل کی تھی اور عربی دان بھی تھا۔ چنانچہ اس نے سیرت النبی ﷺ پر جرمن کی کتابوں میں عربی ماخذوں سے استفادہ کیا۔ لیکن وحی کے متعلق اپنی ذاتی رائے پیش کرتے ہوئے لکھا ہے کہ یہ مرگی کی بیماری معلوم ہوتی ہے۔ نزول وحی کے متعلق عربی کی کتابوں میں جو روایات اور بیانات ہیں کہ وحی آتی تو رسول اللہ ﷺ کا چہرہ سرخ ہو جاتا، آپ پسینے پسینے ہو جاتے اور سکتے کا عالم طاری ہو جاتا۔ تو

اشپر نگر کہتا ہے کہ یہ علامت مرگی کی ہیں۔ چونکہ میں ڈاکٹر نہیں ہوں، کہہ نہیں سکتا کہ اس کا یہ بیان کس حد تک صحیح ہے بہر حال اس نے یہ اعتراض کیا ہے، لیکن اس کے متعلق اگر میں اپنی رائے ظاہر کر سکوں تو وہ یہ ہے کہ اشپر نگر نے وحی کے بارے میں اور وحی کی کیفیت سے متعلق ساری معلومات جمع نہیں کیں، بلکہ صرف چند چیزیں لیں اور ان کی اساس پر کہا کہ یہ فلاں بیماری کی علامت ہیں۔ میرے خیال میں یہ صحیح علمی اور دیانتدارانہ طریقہ نہیں ہو سکتا چنانچہ میں نے وہ حدیثیں جمع کیں جن میں وحی کے نزول کے وقت کا مشاہدہ مختلف صحابیوں سے مروی ہے۔ مثلاً ایک صحابی فرماتے ہیں کہ ہم نے دیکھا فلاں دن یکایک رسول اللہ ﷺ کی حالت متغیر ہوگئی۔ وحی نازل ہونے لگی اور اس وقت کی یہ کیفیت چند لمحوں میں دور ہوگئی اور رسول اللہ ﷺ اپنی معتاد بشری حالت میں آگئے، وغیرہ وغیرہ۔ ایسی جو حدیثیں میں نے جمع کیں ان میں ایک بات غیر معمولی ہے، جس کی طرف اشپر نگر کے بیان میں کوئی اشارہ تک نہیں چہ جائیکہ وہ اس کی توجیہ یا اس سے استدلال کی کوشش کرتا۔ وہ یہ ہے کہ جب وحی نازل ہوتی تو وہ تمام صحابہ جن کو اس کا مشاہدہ ہوا تھا، کہتے ہیں کہ اس وقت رسول اللہ ﷺ اتنے بوجھل ہو جاتے کہ اس بوجھ کا تحمل تقریباً ناممکن ہو جاتا۔ چنانچہ اگر آپ کسی اونٹنی پر سوار ہوتے اور اس وقت وحی نازل ہونے لگتی تو اونٹنی آپ کے بوجھ کو برداشت نہ کر سکتی اور مجبور ہو جاتی کہ بیٹھ جائے۔ اگر وہ بیٹھنا نہ چاہتی یا بیٹھ نہ سکتی تو اس کے پاؤں سیدھے ہو جاتے اور اکڑنے لگتے، گویا کہ وہ اب چیخ کر ٹوٹ جائیں گے۔ ایک اور روایت ہے کہ ایک دن رسول اللہ ﷺ مسجد میں بیٹھے ہوئے تھے، لوگوں کی کثرت تھی، حضرت زید بن ثابت کہتے ہیں کہ رسول اللہ ﷺ کا زانو میرے زانو پر تھا۔ آپ پر وحی نازل ہونے لگی۔ اتنا بوجھ محسوس ہوا کہ مجھے خوف ہوا کہ میری ران کی ہڈی چیخ کر ٹوٹ جائے گی۔ رسول اللہ ﷺ کی

ذات نہ ہوتی تو میں چیخ کر اپنا پاؤں کھینچ لیتا۔ میرے لیے تقریباً ناممکن تھا کہ میں آپ کا بوجھ سہار سکوں۔ جیسا کہ میں نے کہا کہ اس کی توجیہ اشپر نگر کے بیان میں میں اعتراض کی عبارت میں نہیں ہے۔ اس کے علاوہ اور مؤلفوں نے بھی خیال آرائی کی ہے لیکن وہ بھی اس نکتے پر چپ سادھ لیتے ہیں اور اس سے کوئی نتیجہ اخذ کرنے کی کوشش نہیں کرتے۔ یہ بات میرے نزدیک بہت اہم اور غیر معمولی ہے۔ مجھے یا آپ کو ایسی کیفیت کبھی پیش نہیں آسکتی۔ عام بشری کیفیت پر قیاس کر کے میں اس کی توجیہ کبھی نہیں کر سکوں گا کہ وحی کیا چیز ہے؟ وحی صرف پیغمبر پر آتی ہے اور پیغمبر کی بھی چوبیس گھنٹے وہ حالت نہیں رہتی بلکہ کبھی کبھی اللہ کوئی پیغام بھیجتا ہے تو اس پر وہ کیفیت طاری ہو جاتی ہے۔ ایک طرف یہ چیز ہے دوسری طرف میرے ایک ڈاکٹر دوست نے مرگی کی بیماری کے متعلق علمی نقطہ نظر سے کچھ تازہ ترین معلومات مہیا کی ہیں۔ وہ کہتے ہیں کہ مرگی کا بیمار تشنج کی حالت میں ہوتا ہے، ہاتھ پاؤں مارتا ہے، بے قرار ہوتا ہے۔ دوسرے یہ کہ اس کی زبان سے کچھ آوازیں نکلتی ہیں لیکن وہ بالکل ناقابل فہم ہوتی ہیں۔ وہ کچھ کہتا ضرور ہے لیکن کوئی ایسی بات نہیں ہوتی جسے ہم سننے والے سمجھ سکیں اور یہ کہ مرگی والے شخص کی اولاد میں بھی یہ مرض منتقل ہو جاتا ہے۔ ان حالات میں غور کرنا چاہیے کہ تشنج اور ہاتھ پاؤں مارنے اور بے قرار ہو جانے کا کوئی ذکر رسول اللہ ﷺ کی زندگی میں اور وحی کے مشاہدات سے متعلق روایتوں میں نہیں ملتا۔ اس لحاظ سے مرگی کا انتساب رسول اللہ ﷺ کی طرف درست معلوم نہیں ہوتا اس کے برعکس ہمیں یہ نظر آتا ہے کہ رسول اللہ وحی کے وقت ہمیشہ ساکت وصامت ہو جاتے تھے۔ یہ نہیں کہ آپ ہاتھ پاؤں مارتے تھے یا تشنج کی کیفیت پیدا ہو جاتی تھی، کبھی نہیں کبھی نہیں، ایک بار بھی ایسا نہیں ہوا۔ دوسری چیز ہمیں یہ بھی نظر آتی ہے کہ وحی کے دوران شروع سے آخر تک اور وحی

کے ختم ہو جانے کے بعد رسول اللہ ﷺ کی زبان سے جو آوازیں نکلتیں وہ قابل فہم عبارتیں ہوتیں، یعنی قرآن کی آیتیں جن کو سن کر ہر شخص سمجھ سکتا تھا، یہ نہیں کہ جانوروں کی طرح چیخیں مارتے ہوں یا جیسے کہ بیمار بعض اوقات کراہتا ہے اور ایسی آوازیں نکالتا ہے جو سمجھ میں نہیں آسکتیں، ایسا کبھی نہیں ہوا۔ یہ صحیح ہے کہ ایک زمانے میں وحی کے دوران ہی رسول اللہ ﷺ بلند آواز سے وحی سناتے۔ بعض اوقات وحی کے ختم ہونے کے بعد سناتے۔ اس کی وجہ یہ ہے کہ قرآن مجید میں ایک آیت ہے کہ لَا تُحَرِّکْ بِہٖ لِسَانَکَ لِتَعْجَلَ بِہٖ (۱۶:۷۵) یعنی ابتداء ہی سے جیسے جیسے وحی نازل ہوتی اور جیسے جیسے فرشتہ آپ کو کچھ الفاظ پہنچاتا رسول اللہ ﷺ اسی وقت اس کو با آواز بلند دہراتے رہتے۔ اس طرح کی فوری تبلیغ آپ کی نیک نیتی پر مبنی تھی کہ کچھ بھول نہ جائیں تو اللہ نے کہا ایسا نہ کریں، پہلے سکون کے ساتھ پوری وحی کو سن لیں، وہ آپ کے ذہن سے غائب نہیں ہوگی، ہم اسے محفوظ رکھیں گے۔ وحی کا نزول ختم ہونے کے بعد آپ اسے دوسرے تک پہنچائیں۔ اس کے بعد سے رسول اللہ ﷺ نے اپنے اس معمول کو بدل دیا اور وحی کے اختتام تک سکوت فرماتے۔ ان تفصیلات کی روشنی میں ہمیں نظر آتا ہے کہ مرگی کی بیماری، تشنج وغیرہ بے معنی آوازوں کا آپ کی زبان سے نکلنا، ان باتوں کا کوئی وجود نہیں ہے۔ اسی طرح رسول اکرم ﷺ کی چھ سات لڑکے لڑکیاں ہوئیں اور لڑکیوں کی اولاد اب تک دنیا میں باقی ہے اور مرض کے توارث سے تاریخ ساکت ہے۔

اس کے علاوہ ایک طویل فہرست ایسی حدیثوں اور روایتوں کی ہے جن میں لکھا ہے کہ ایک دن رسول اللہ ﷺ منبر پر کھڑے خطبہ دے رہے تھے۔ یکایک آپ کی حالت غیر ہوگئی اور وحی نازل ہونے لگی۔ آپ ﷺ کی زبان سے آواز نکلنا بند ہوگئی اور آپ چپ چاپ کھڑے رہے۔ چند لمحوں کے بعد وہ حالت دور ہوگئی۔ پھر آپ نے خطبہ دینا

شروع کیا اور فرمایا مجھ پر ابھی فلاں وحی نازل ہوئی ہے اور اس کی تبلیغ فرمادی۔ ایک دوسری روایت میں کہا گیا ہے کہ ایک دن رسول اللہ ﷺ کھانا کھا رہے تھے۔ ایک گوشت کا ٹکڑا بدستور آپ کے ہاتھ میں رہا، گرا نہیں۔ یعنی اپنی ذات پر آپ کا کنٹرول برقرار رہا۔ اس طرح کی اور حدیثیں بھی ہیں جن میں ہمیں نظر آتا ہے کہ وحی کے نزول کے وقت رسول اللہ ﷺ کو اپنے آپ پر ویسا ہی کنٹرول رہتا تھا جیسا کہ عام حالت میں ہوتا ہے، سوائے اس فرق کے کہ اس وقت آپ بے حرکت ہو جاتے اور آپ کے جسم سے پسینہ نکلنے لگتا حتیٰ کہ انتہائی شدید سردی کے زمانے میں بھی پسینے کے قطرے ایک قطار کی صورت میں آپ کی پیشانی سے گرنے لگتے۔ اس کے سوا کوئی اور فرق نظر نہیں آتا یا یہ کہ آپ کے چہرے کا رنگ، چند لمحوں کے لیے غالباً خون کی تیز گردش کی وجہ سے، سرخ ہو جاتا یا ذرا سانولا ہو جاتا۔ اس کے علاوہ ہمیں اور کوئی فرق نظر نہیں آتا۔

مغربی مورخوں کی تالیفات میں ایک اور چیز نظر آتی ہے وہ کہتے ہیں کہ جب وحی نازل ہوتی تو رسول اللہ ﷺ لیٹ جاتے اور آپ کے چہرے کو ڈھانپ دیا جاتا، جیسا کہ پرانے کاہنوں کی عادت تھی۔ میں نے اس بارے میں تحقیق کی تو معلوم ہوا کہ آپ کے چہرے کو ڈھانپ دینا اور آپ کا لیٹ جانا صرف ایک مرتبہ پیش آیا، ورنہ عام طور پر ایسی کوئی صورت کبھی واقع نہیں ہوئی۔ مثلاً اونٹنی پر ہیں، یا منبر پر کھڑے ہوئے خطبہ دے رہے ہیں تو وہاں چہرے یا جسم کو کسی کپڑے سے ڈھانپ دینے اور آپ کے لیٹ جانے کی کوئی صورت کبھی پیدا نہیں ہوئی۔ وہ ایک واقعہ یہ ہے کہ جب حضرت عائشہؓ کی عفت کے بارے میں جھوٹے بہتان لگائے گئے تھے تو ایک دن آپ حضرت عائشہؓ سے ملنے کے لیے ان کے والد حضرت ابو بکرؓ کے مکان گئے کیونکہ اس زمانے میں وہ اپنے والدین کے گھر تھیں۔ وہاں رسول اللہ ﷺ نے حضرت عائشہؓ سے گفتگو کی، کچھ سوالات کیے۔ پھر

یکایک آنحضرت ﷺ پر وحی کا نزول شروع ہوا۔ راوی لکھتا ہے کہ رسول اللہ ﷺ لیٹ گئے اور آپ کے چہرے پر حضرت ابو بکرؓ اور ان کی بیوی نے احتراماً ایک چھوٹا سا کپڑا ڈال دیا، اس خیال سے کہ کہیں رسول اللہ ﷺ کی متغیر حالت دیکھ کر ہم ہنس نہ پڑیں یا ان پر بے ادبی سے نظر نہ پڑ جائے۔ اس ایک روایت کے علاوہ اور اس خاص واقعہ کے علاوہ کہیں یہ نظر نہیں آتا کہ وحی کے نزول کے وقت رسول اللہ ﷺ کے چہرے کو لوگ ڈھانپ دیتے ہوں۔ ایک اور واقعے کا ذکر کیا جا سکتا ہے جس میں لیٹنے کا ذکر نہیں ہے لیکن چہرے کو ڈھانپنے کا ایک طریقہ نکل آتا ہے۔ وہ یہ ہے کہ ایک صحابی کہتے ہیں کہ مجھے اسلام لانے سے پہلے یہ معلوم ہوا تھا کہ پیغمبر اسلام ﷺ پر وحی آتی ہے۔ پھر اللہ نے مجھے توفیق دی اور میں مسلمان ہوا تو میری تمنا تھی کہ وحی کے نزول کے وقت رسول اللہ ﷺ کو دیکھوں۔ میری اس تمنا سے کچھ اور لوگ بھی واقف تھے۔ اللہ کا کرنا یہ ہوا کہ حجۃ الوداع کے موقع پر، میری موجودگی میں، یکایک رسول اللہ ﷺ پر وحی نازل ہونے لگی۔ حضرت عمرؓ میرے پاس آئے اور کہنے لگے کہ تم رسول اللہ ﷺ کو نزول وحی کی حالت میں دیکھنا چاہتے تھے، اگر تمہاری یہ تمنا برقرار ہے تو آؤ میں تمہیں دکھاؤں۔ تو راوی یہ کہتے ہیں کہ اس وقت رسول اللہ ﷺ ایک پردے کے پیچھے بیٹھے ہوئے تھے۔ پردے کی دوسری طرف ہم لوگ تھے۔ حضرت عمرؓ نے اس پردے کو ذرا کھینچ کر کہا اندر دیکھ لو۔ میں نے دیکھا رسول اللہ ﷺ کا چہرہ سرخ ہو گیا اور سانس قدرے زور زور سے لے رہے ہیں۔ ان دو واقعات کے سوا، جن میں ایک مرتبہ چہرے پر پردہ ڈالنے کا ذکر ہے اور ایک مرتبہ رسول اللہ ﷺ کے پردے کے پیچھے بیٹھنے کا ذکر ہے، اور کسی روایت میں ایسی تفصیل نہیں ملتی جو کاہنوں کی حالت اور اس طرح کی چیزوں سے مشابہت رکھتی ہو۔

بہر حال وحی کیا چیز ہے؟ اس کی تشریح ہمارے لیے ناممکن ہے کیونکہ وحی ہم میں سے کسی پر نہیں آتی۔ وحی کے وقت رسول اللہ ﷺ کی حالت جیسی ہوئی تھی اسے ہم مختلف لوگوں کے مشاہدے کے حوالے سے بیان کر سکتے ہیں۔ کچھ مشاہدے تو وہ ہیں جو میں نے آپ سے بیان کیے۔ کچھ یہ ہیں کہ ایک صحابی نے جرات کر کے ایک مرتبہ براہ راست رسول اللہ ﷺ سے پوچھا یا رسول اللہ ﷺ! آپ پر جب وحی نازل ہوتی ہے تو اس وقت آپ کیا محسوس کرتے ہیں؟ وہ جواب بھی دلچسپ ہے۔ اس جواب کا ذکر کر کے میں اس بحث کو ختم کروں گا۔ رسول اللہ ﷺ نے فرمایا کہ بعض اوقات میرے کانوں میں گھنٹی بجتی ہے اور بہت سخت تکلیف کی حالت ہوتی ہے۔ ایسا معلوم ہوتا ہے کہ گویا میری جان نکل جائے گی۔ اس وقت میں کچھ آوازیں سنتا ہوں۔ وہ آوازیں میرے دماغ میں پتھر پر کندہ نقش کی طرح ثبت ہو جاتی ہیں۔ اس حالت کے ختم ہونے کے بعد وہ مجھے ایسے ہی یاد ہوتی ہیں گویا کہ مجھے زبانی یاد تھیں۔ تو لوگوں کے سامنے دہراتا ہوں۔ لیکن بعض اوقات کوئی شخص نظر آتا ہے، یا تو آدمی کی شکل میں اور اس وقت وہ آدمی کی طرح مجھ سے بولتا ہے۔ بعض اوقات وہ پرندے کی شکل میں ہوتا ہے یعنی ایک انسان جس کے پر بھی ہوں اور فضا میں اڑتا رہتا ہے یا کھڑا رہتا ہے اور وہ مجھے مخاطب کر کے کچھ چیزیں کہتا ہے اور میں انہیں سنتا ہوں، میں بھول نہیں سکتا، وہ میرے حافظہ میں نقش ہو جاتی ہیں اور پھر میں انہیں دہراتا ہوں۔ یہ رسول اللہ ﷺ کا بیان ہے۔ یہ الفاظ کافی اہم ہیں کہ اتنی شدید تکلیف ہوتی ہے گویا میری جان نکل جائے گی۔ یہ رسول اللہ ﷺ محسوس کرتے تھے۔ اس لیے کوئی حیرت کی بات نہیں کہ آپ کا وزن بھی اتنا زیادہ ہو جاتا تھا کہ کسی اونٹنی کو بھی اس کا تحمل ممکن نہیں ہوتا تھا۔ رسول اللہ ﷺ خود محسوس کرتے تھے کہ یہ غیر معمولی حالت ہے، یہ ہے وحی کی کیفیت اور اس سے زیادہ ہم کوئی اور

چیز بیان نہیں کرسکتے۔ یہ خصوصی کیفیت جو اللہ کے نبی ﷺ کو ہوتی ہے ہم اس کو عام انسانوں کی کیفیتوں اور ڈاکٹروں کے مرض کی تشخیص سے حل نہیں کرسکتے۔

اسلامی عقائد: آمَنْتُ بِاللّٰہِ وَمَلَائِکَتِہٖ وَکُتُبِہٖ وَرُسُلِہٖ کے بعد وَالْیَوْمِ الْآخِرِ ہے یعنی آخرت کا ذکر آتا ہے۔ عقائد کے نقطہ نظر سے آخرت پر ایمان تو ہمیں لانا ہی ہے لیکن نفسیاتی نقطہ نظر سے بھی ہی بات بڑی اہم ہے کہ ہر انسان سے اس کے اعمال کے متعلق حساب و کتاب لیا جائے گا اور اس کے نیک و بد اعمال کے مطابق جزا و سزا دی جائے گی۔ آخرت اور یوم حساب پر ایمان، جزا کی امید اور سزا کا خوف، یہ ایسے تصورات ہیں جو انسان کو اچھے کام کرنے کی ترغیب دیتے اور بری باتوں سے روکتے اور بچاتے ہیں۔ اس سلسلے میں ایک چھوٹی سی چیز میرے ذہن میں آتی ہے۔ ہم سب اللہ کے بندے ہیں، وہ ہمارا آقا ہے اگر وہ ہمیں کچھ حکم دے تو مالک ہونے کی وجہ سے ہمیں ہر حکم دے سکتا ہے اور ہمارا فریضہ ہو گا کہ ہم اسے انجام دیں۔ اگر ایک ملازم، اس سے بھی بڑھ کر ایک غلام، اپنے آقا کے احکام کی تعمیل کرے تو اس کی جزاء پانے کا، کسی شاباشی کے حاصل کرنے کا کوئی حق نہیں ہوتا، اس کے برخلاف اگر کوئی غلام اپنے آقا کے حکم کی اطاعت نہیں کرتا تو سزا کا مستحق ہوتا ہے۔ دوسرے الفاظ میں، میں یہ کہنا چاہتا ہوں کہ جنت کی اصولاً کوئی ضرورت نہیں رہتی۔ صرف دوزخ کی ضرورت ہے کہ ہم اللہ کے بندے ہیں، اللہ کی اطاعت نہ کریں تو اللہ ہمیں سزا دے سکتا ہے، اسے اس کا کامل حق ہے لیکن اگر ہم اس کے احکام کی تعمیل کریں تو ہمیں کوئی حق نہیں کہ اللہ ہمیں جنت انعام میں دے۔ اس کے باوجود یہ اللہ کی مہربانی اور رحمت ہے کہ ہمیں جنت بھی دینے کا وعدہ کرتا ہے۔ دوسرے الفاظ میں تشویق بھی ہے اور تہدید و تنبیہ بھی ہے۔

اب میں جنت و دوزخ کے متعلق چند الفاظ آپ سے بیان کروں گا۔ ہندوؤں کا تصور

اور بدھ مت والوں کا تصور اس کے بارے میں کچھ اور ہی ہے۔ یہ دلچسپ ضرور ہے لیکن ظاہر ہے کہ اسے مسلمان قبول نہیں کر سکتے۔ وہ کہتے ہیں کہ کائنات کا وجود ازل سے ابد تک صرف اتنا ہی ہے جتنا ایک بلبلے کا وجود، جو دریا میں موج کے تلاطم سے پانی کی سطح سے اچھلتا پڑتا ہے پھر آن کی آن میں دوبارہ گر کر دریا کے پانی میں غائب ہو جاتا ہے۔ انسان کی ہستی بھی اس کائنات میں محض اس بلبلے کی طرح ہے۔ اسی طرح ان کا تصور تناسخ یہ ہے کہ آدمی اچھا کام کرے تو اسے جزا ملے گی، میں ابھی بیان کروں گا کہ کیا ملے گی اور اگر برا کام کرے گا تو سزا ملے گی۔ ہندوؤں کے عقائد کے مطابق یہ ہے کہ وہ سزا اس برائی کی نوعیت کی ہو گی۔ اگر اس نے تھوڑی برائی کی ہے تو مرنے کے بعد غلام کے طور پر پیدا ہو گا۔ اگر اس نے اس سے بھی زیادہ برائی کی ہے تو وہ مرنے کے بعد کتا یا بلی بن جائے گا، اس کی برائی اگر اس سے بھی زیادہ ہے تو وہ درخت بن جائے گا، اس سے بھی بڑی برائی ہے تو وہ پتھر بن جائے گا۔ جمادات، نباتات، حیوانات یہ سب ارتقائی مدارج ہیں۔ اس لحاظ سے وہ کہتے ہیں کہ اگر کسی کو پتھر بننے کی سزا دی گئی ہے تو اس پتھر کے ارتقاء کے ذریعے سے صدیوں کی مدت کے بعد درخت بننے کا موقع ملے گا۔ اگر درخت اپنی مدت حیات میں مفید کام کرتا رہے تو اس درخت کو صدیوں کے بعد جانور بننے کا موقع ملے گا۔ وہ جانور اگر اچھے کام کرتا ہے تو اسے ادنیٰ قسم کا انسان یعنی شودر بننے کا موقع ملے گا۔ اگر شودر کی حیثیت سے اچھے کام کرتا رہے اور اپنے فرائض انجام دیتا رہے تو مرنے کے بعد وہ ویش بنے گا۔ اس کے بعد کھتری بنے گا، اس کے بعد برہمن بنے گا۔ اگر برہمن کی حیثیت سے اپنی زندگی اچھی گزاری تو مرنے کے بعد دوبارہ خدا کی ذات میں ضم ہو جائے گا۔ جس طرح کہ وہ بلبلہ دوبارہ پانی میں گرا اور پانی بن گیا، تو برہمن دوبارہ خدا بن جائے گا۔ اگر برہمن نے زندگی برائی کے ساتھ گزاری تو اسے وہی سزا ملے گی اور

دوبارہ اس کو جانور اور درخت اور پتھر وغیرہ بننا پڑے گا اس طرح ہزاروں لاکھوں سال گزر جائیں گے۔ یہ ان کا آواگون یا تناسخ کا تصور ہے۔ مسلمانوں کا تصور اس بارے میں جنت اور دوزخ کا ہے۔ خود قرآن میں اور حدیث میں صراحت سے بیان کیا گیا ہے کہ جنت میں جانوروں اور پرندوں کا گوشت کھانے کو ملے گا۔ وہاں شراب کی، شہد کی اور دودھ کی نہریں ہوں گی۔ تو اس کا مفہوم یہ لینا پڑے گا کہ ہمارے عرفان و شعور کے مطابق، ہمارے ذہن میں آسائش اور لذت کا جو تصور ہے اس تصور کے مطابق بتایا گیا ہے کہ جنت میں یہ نعمتیں ہوں گی، ورنہ قرآن مجید میں صراحت کے ساتھ کہا گیا کہ وہاں وہ چیزیں ہیں جن کا تمہیں تصور بھی نہیں ہو سکتا۔ جب ہمیں ان کا تصور نہیں ہو سکتا، جیسے کہ حدیث کے صاف الفاظ میں جنت میں وہ چیزیں ہیں جنہیں نہ کسی آنکھ نے کبھی دیکھا، نہ کسی کان نے کبھی سنا، نہ کسی کے دل و دماغ میں ان کا خیال تک کبھی گزرا، پھر اسے ہم کیسے سمجھائیں گے۔ انسانی زندگی میں انسان چاہتا ہے کہ اس کو خوبصورت بیوی ملے، اچھی غذائیں ملیں وغیرہ وغیرہ۔ تو قرآن مجید میں سمجھانے کے لیے ایسی ہی چیزوں کا ذکر آیا ہے جو انسان کو فطرتاً مرغوب ہیں۔ بہر حال حور و قصور کی حقیقت تو اللہ ہی بہتر جانتا ہے لیکن اگر یہ چیزیں نہ بھی ہوں تو کوئی تضاد نہیں کیونکہ قرآن خود کہتا ہے کہ تمہیں وہاں پر تمہاری خواہش کی ہر چیز ملے گی اور حدیث میں صراحت ہے کہ وہاں جو چیزیں ہیں ان کا تمہیں تصور بھی نہیں ہو سکتا، تو دونوں امکانات باقی رہتے ہیں۔

عقائد کے سلسلے میں آخری چیز، کہ برائی اور بھلائی دونوں اللہ کی طرف سے ہیں، بہت پیچیدہ ہے۔ اس میں ایک طرف تو پارسیوں کے مذہب کی تردید ہوتی ہے جو یہ کہتے ہیں کہ نیکی کا خدا الگ ہے اور برائی کا خدا الگ ہے۔ اس نظریے میں منطقی اعتبار سے خامی ہے کہ اگر نیکی کسی وقت مغلوب ہو جائے تو دوسرے معنوں میں اس کا مفہوم یہ نکلتا ہے

کہ نیکی کا خدا مغلوب ہو گیا، اس کے باوجود ہم اسے خدا مانتے رہیں، اسے عقل قبول نہیں کرتی۔ اس کے بر خلاف اسلام کہتا ہے کہ والقدر خیرہ وشرہ، من اللہ تعالیٰ یعنی خیر و شر دونوں اللہ کی طرف سے ہیں۔ تو پھر یہ سوال پیدا ہوتا ہے کہ سزا کیوں دی جاتی ہے؟ جبر و قدر کا یہ مسئلہ بڑا پیچیدہ ہے۔ اس پر دنیا کے ہر مذہب میں صدیوں سے بحث ہوتی آرہی ہے اور اب تک اس کا کوئی حل نہیں نکل سکا۔ اگر ہم ایک جواب دیں کہ انسان مجبور ہے اور وہی کرتا ہے جو خدا نے مقرر کر رکھا ہے تو اس پر کچھ اعتراض ہوتے ہیں۔ یہ ایک دوہری مشکل (Dilemma) ہے، یعنی دونوں صورتیں قابل اعتراض ہو جاتی ہیں۔ اسی وجہ سے رسول کریم ﷺ نے بڑی سختی سے تاکید کی ہے کہ اس بحث میں نہ پڑو، تم سے پہلے کی قومیں اس مسئلے پر بحث کرنے لگیں اور گمراہ ہو گئیں۔ ان حالات میں اصولاً مجھے مزید بحث کرنے کی ضرورت نہیں ہونا چاہیے، لیکن میں تھوڑی سی توضیح کرتا ہوں جیسا کہ میں نے آپ سے کہا کہ اگر انسان کو مجبور قرار دیا جائے یعنی ایک مشین کی طرح وہی کام کرتا ہے جو خدا نے مقرر کر رکھا ہے، تو ہم یہ سوچتے ہیں کہ اگر ہم برائی کریں تو سزا کیوں دی جاتی ہے؟ یہ اعتراض اور یہ سوال ٹھیک ہے لیکن یہی بھلا مانس انسان یہ کیوں نہیں سوچتا کہ اگر میں بھلائی کرتا ہوں تو وہ بھی خود بخود بلا ارادہ ہوگی، پھر مجھے جنت کا کیا حق ہے؟ اس پر وہ چیزیں ہمارے ذہن میں نہیں آتیں بلکہ ہم خود طے کرتے ہیں کہ مجھے کیا کرنا ہے اور کیا نہیں کرنا ہے تو اس کا مفہوم یہ نکلتا ہے کہ اللہ کو معلوم نہیں کہ انسان کیا کرنے والا ہے، حالانکہ وہ عالم الغیب ہے۔ ساری اگلی اور پچھلی چیزوں کو ان کے وجود میں آنے سے پہلے سے جانتا ہے۔ اگر ہم انسان کو قادر قرار دے دیں تو اس کے معنی یہ نکلتے ہیں کہ اللہ کو علم نہیں ہے کہ میں کیا کرنے والا ہوں اور اللہ ہمارے اس کام کو، جو ہم کرنے والے ہیں، خود پیدا نہیں کرتا بلکہ وہ ہم خود پیدا کرتے ہیں۔ یہ ہے وہ دوہری مشکل

(Dilemma) جس کی بناء پر رسول اللہ ﷺ نے فرمایا کہ اس بحث میں نہ پڑو۔ حقیقت میں یہ دونوں مختلف سطحوں کی، مختلف درجات کی اور دو مختلف مداروں میں گھومنے والی چیزیں ہیں۔ انسان کی ذمہ داری اور جواب دہی، زمینی تصور ہے۔ اللہ کی قدرت، اللہ کا مقرر کرنا، یہ آسمانی تصور ہے۔ ان دونوں میں کسی طرح کے تصادم کا کوئی امکان نہیں پایا جاتا۔ گویا میں اپنے ہر کام کا زمینی مفہوم میں ذمہ دار ہوں، اور ہر چیز آسمانی مفہوم میں خدا کی طرف سے پیدا ہوتی ہے، اس میں کوئی تضاد یا تصادم نہیں ہے، یہ اس تصور کا خلاصہ ہے۔

ایک آخری چیز میں اس بحث کو ختم کروں گا۔ ایک دن یکایک میرے ذہن میں انکشاف سا ہوا اور یہ عجیب و غریب انکشاف تھا۔ وہ یہ ہے کہ اللہ نے انسان کو خلیفہ کیوں بنایا؟ ہم میں دوسری مخلوقات کے مقابلے میں کوئی خاص فوقیت نہیں، کیا یہ استبدادی فیصلہ ہے؟ یا انتخاب ہوا ہے؟ میری توجہ قرآن مجید کی اس آیت کی طرف مبذول ہوئی إِنَّا عَرَضْنَا الْأَمَانَةَ عَلَى السَّمَاوَاتِ وَالْأَرْضِ وَالْجِبَالِ فَأَبَيْنَ أَنْ يَحْمِلْنَهَا وَأَشْفَقْنَ مِنْهَا وَحَمَلَهَا الْإِنْسَانُ ۖ إِنَّهُ كَانَ ظَلُومًا جَهُولًا (۳۳:۷۲) (ہم نے ایک امانت پیش کی، آسمانوں اور آسمانوں پر رہنے والوں کے سامنے اور زمین اور زمین پر رہنے والوں کے سامنے۔ حتیٰ کہ پہاڑوں کے سامنے بھی، مگر کسی کو بھی یہ ہمت نہ ہوئی کہ اس امانت کو قبول کرے، سبھی ڈرے اور سبھوں نے انکار کر دیا، اگر قبول کیا تو انسان نے، جو ظالم بھی ہے اور جاہل بھی ہے)۔ میرے ذہن میں یہ بات آئی کہ جب خلیفۃ اللہ کا عہدہ پیش کیا گیا تو ہر مخلوق نے چاہا ہو گا کہ وہ عہدہ مجھے مل جائے۔ سب نے پوچھا ہو گا کہ کس شرط پر یہ عہدہ مل سکتا ہے؟ اللہ تعالیٰ نے فرمایا کہ "تقدیر تو میں کروں گا اور ذمہ دار تم ہو گے" سب نے کہا ہو گا کہ "یہ کیسے ہو سکتا ہے کہ تقدیر تو کرے اور ذمہ دار ہم ہوں؟" سب

ڈرے اور کسی نے قبول نہ کیا سوائے انسان کے، جو ایک ظالم اور جاہل مخلوق ہے۔ اس نے کہا "یارب میں قبول کرتا ہوں"۔ اس کا یہ بھولا پن اللہ تعالیٰ کو پسند آیا، کہا اچھا میں تجھے خلیفہ بنادیتا ہوں۔ لیکن میں سوچتا ہوں کہ انسان اتنا جاہل نہیں تھا جتنا ہمیں نظر آیا ہے۔ انسان نے غالباً یہ سوچا کہ "خدا ظالم تو ہو نہیں سکتا، وہ مجھے اس چیز کی سزا نہیں دے گا جو میں نے نہیں کی۔ لاؤ عہدہ قبول کر ہی لیں، پھر دیکھا جائے گا۔ وہ غفور و رحیم ہے۔" تقدیر و تدبیر کے متعلق میرا تصور یہ ہے کہ جب انسان نے یہ قبول کیا کہ اللہ کرے اور ذمہ دار میں ہوں تو اب اس سے یہ پوچھنے کا حق نہیں کہ مجھے سزا کیوں دی جاتی ہے؟

یہ عقائد کے متعلق مختصر سی گفتگو تھی۔ اب میں مختصراً عبادات کے بارے میں کچھ بیان کروں گا۔ اسلام اپنی محدود معنی میں اطاعت کرنے اور اپنے آپ کو دوسرے کے سپرد کر دینے کا نام ہے۔ جب جبرئیل نے آنحضرت ﷺ سے پوچھا کہ اسلام کیا چیز ہے؟ تو آنحضرت ﷺ نے فرمایا کہ نماز پڑھنا، روزے رکھنا، زکوٰۃ دینا اور حج کرنا۔ نماز کا مقابلہ اگر ہم دوسری قوموں اور دوسری ملتوں کی عبادات سے کریں تو ہمیں اسلام کی بڑی فوقیت نظر آتی ہے۔ یہودیوں کی عبادت کا طریقہ ہے کہ وہ اپنے مذہبی معبد کو جاتے ہیں اور ان کا امام توریت کھول کر گھنٹے دو گھنٹے مسلسل تلاوت کرتا ہے اور سارے لوگ مرد اور عورتیں ادب کے ساتھ سنتے ہیں۔ پھر تلاوت ختم ہو جاتی ہے، سارے لوگ اپنے اپنے گھروں کو چلے جاتے ہیں اور کوئی چیز نہیں ہوتی۔ ہمارے ہاں کی طرح رکوع و سجدہ، قیام و قعود وغیرہ نہیں ہوتا۔ پارسیوں کے ہاں آپ نے سنا ہو گا، آتش پرستی ہوتی ہے۔ اس کی بڑی دلچسپ کہانی ہے۔ میں اس تفصیل میں نہیں جاتا صرف اشارۃً آپ سے ذکر کرتا ہوں۔ اس کی تھوڑی سی توجیہ بعد میں کروں گا۔ ہندوؤں کے ہاں گائے کی پوجا ہوتی ہے۔ عیسائیوں کے ہاں ایک طرح سے صلیب کی پرستش ہوتی ہے۔ یہ کیا چیزیں ہیں؟

بظاہر یہودی اور پارسی اور عیسائی ہماری ہی طرح کے انسان ہیں، صاحب عقل و فہم بھی ہیں، اس کے باوجود کیا بات ہے کہ وہ ایسی جاہلانہ حرکات کرتے ہیں کہ آگ کی پوجا کرتے ہیں، لکڑی کی پوجا کرتے ہیں اور گائے (جانور) کی پرستش کرتے ہیں۔ ایک دن میرے ذہن میں یہ بات آئی کہ کسی کی تعریف دو طرح سے ہو سکتی ہے، براہ راست بھی اور بالواسطہ بھی، مثلاً کسی مصور سے ہم کہیں کہ تم بڑے ماہر مصور ہو تو ظاہر ہے کہ وہ اس تعریف ے خوش ہو جائے گا۔ لیکن اگر مصور سے مخاطب ہوئے بغیر اس کی بنائی ہوئی چیزوں میں سے ایک کی طرف اشارہ کر کے ہم کہیں کہ کیا نفیس تصویر ہے تو اس بالواسطہ حمد و ثنا سے بھی اس مصور کو اتنی ہی خوشی ہو گی جتنی براہِ راست تعریف سے ہو سکتی ہے۔ پرانے مذہبوں میں بالواسطہ حمد و ثناء کو اختیار کیا گیا۔ مثلاً جس زمانے میں پارسی مذہب وجود میں آیا، اس وقت انسان نے آگ کو اپنے قابو میں کر لیا تھا۔ آگ سے فائدہ اٹھانا اور اس کی ہلاکتوں سے بچنا، انسان نے سیکھ لیا تھا، تو اس وقت اس نے سوچا کہ اللہ تعالیٰ کی قدرت کے مظاہر اور شواہد میں سب سے طاقتور چیز آگ ہے، کوئی اس کا مقابلہ نہیں کر سکتا، جو بھی اس کے قریب جاتا ہے وہ جل کر ختم ہو جاتا ہے لہذا پارسی مذہب کے بانیوں نے کہا کہ ہم خدا کی تعریف کرنا چاہتے ہیں تو اس کے بہترین مظہر یعنی آگ کی پرستش کرنا چاہیے۔ ہندوستان میں جب آریہ آئے تو انہوں نے زرعی معیشت میں گائے کو سب سے زیادہ مفید اور منفعت بخش پایا، تو خدا کی اس سب سے بڑی نعمت کے گن گانے لگے، اور خدا کی نعمتوں کی سب سے بڑی علامت کے طور پر اس کا احترام کرنے لگے۔ اللہ ایک منعم ہے، لہذا اس کا شکر ادا کرنے کے لیے وہ اس کی سب سے اچھی نعمت کی تعریف کرتے ہیں اور اس کا ادب کرتے ہیں<یوں بالواسطہ اللہ کا ادب کرنا اور اللہ کی تعریف کرنا چاہتے ہیں۔ یہودیوں کے ہاں اپنی عبادت میں صرف توریت کی تلاوت کی جاتی ہے، جس

کو وہ خدا کا کلام کہتے ہیں۔ خدا کے کلام کی تلاوت ان کے نزدیک عبادت ہے۔ کلام اللہ کی تلاوت کے معنی ہیں کہ ہم اللہ کے احکام سے واقفیت حاصل کریں، اس پر عمل کریں اور اس کے مطابق اس تک پہنچیں۔ اس میں ایک عمیق مفہوم ہے: اللہ موجود ہے لیکن وہ ہمیں نظر نہیں آتا، یہ نہیں کہ وہ نہ ہو، وہ ہے اور ہم ہی اندھے ہیں کہ اسے دیکھ نہیں سکتے، لیکن بن دیکھے بھی ہم اس سے محبت کرتے ہیں اور اس تک پہنچنا چاہتے ہیں۔ اس کا راستہ بھی ہمیں نہیں معلوم۔ یہ راستہ بھی صرف خدا ہی جانتا ہے۔ ایک اندھے کی ظاہر ہے کہ صرف آواز ہی کے ذریعے سے رہنمائی کی جاسکتی ہے۔ اس لیے اندھے عاشق کو اس کا مہربان معشوق (اللہ سبحانہ و تعالیٰ) آواز کے ذریعے سے، کلام کے ذریعے سے اپنا راستہ بتاتا ہے (مثلاً آگے بڑھ، داہنے مڑ، بائیں مڑ، سیڑھیوں پر چڑھ، اتر وغیرہ وغیرہ) یہ ہے رمز جو توریت کی تلاوت میں مضمر ہے۔ عیسائیوں کے ہاں ایک طرح کی وحدانیت کا تصور بھی ہے اور جیسا کہ میں نے پہلے عرض کیا کہ ان لوگوں کو اس پر اصرار بھی ہے۔ ان کے ہاں عبادت کے مراسم میں کئی چیزیں شامل ہیں۔ ایک طرف تو وہ یہودیوں کی توریت ہی کی طرح سے انجیل کے اقتباسات کو عبادت کے وقت تلاوت کرتے ہیں۔ دوسری طرف ایک چیز ہے جسے کمیونین کا نام دیا جاتا ہے۔ کمیونین، پروٹسٹنٹ لوگوں کے ہاں نہیں ہے، زیدہ تر کیتھولک اور آرتھوڈوکس فرقوں میں پایا جاتا ہے۔ اس کے معنی یہ ہیں کہ نماز یعنی عبادت کی تکمیل ہونے کے بعد ان کا پادری انہیں روٹی کا ایک ٹکڑا دیتا ہے، جسے وہ کھاتے ہیں اور شراب کے چند گھونٹ دیتا ہے جسے وہ پیتے ہیں اور تصور یہ ہوتا ہے کہ ہم خدا کی ذات میں مدغم ہو گئے ہیں، کیوں؟ انجیل میں یہ واقعہ بیان ہوا ہے کہ حضرت عیسیٰ علیہ السلام کو جب رومیوں نے گرفتار کیا اور انہیں سولی پر چڑھایا جانے والا تھا تو آخری رات کو جب وہ اپنے حواریوں کے ساتھ کھانا کھا رہے تھے تو انہوں نے یکایک

ایک روٹی اٹھائی اور اپنے ساتھیوں کی طرف بڑھا کر کہا کہ اسے کھاؤ یہ میرا جسم ہے۔ پھر ایک گلاس اٹھایا اور کہا کہ اسے پیو یہ میرا خون ہے۔ انجیل کے اس بیان کردہ واقعہ کو عیسائیوں کے ہاں بہت اہمیت دی گئی ہے۔ وہ کہتے ہیں کہ اگر ہم روٹی کھائیں تو حضرت عیسیٰ علیہ السلام کا جسم بن جاتے ہیں اور شراب پئیں تو حضرت عیسیٰ علیہ السلام کا خون بن جاتے ہیں۔ چونکہ حضرت عیسیٰ علیہ السلام خدا ہیں اس لیے روٹی کھانے اور شراب پینے سے ہم خدا کو اپنے اندر مدغم کر لیتے ہیں۔ یہ تصور بھی رمز کی حد تک قابل قبول ہے۔

اب ہم دیکھیں گے کہ اسلام میں عبادت کا کیا طریقہ ہے۔ نماز میں سورۂ فاتحہ پڑھی جاتی ہے جس میں اللہ کی حمد و ثناء ہے یعنی گویا ہم براہ راست حمد و ثنا کرتے ہیں۔ لہٰذا ہمیں ضرورت نہیں کہ کسی رمز کے ذریعے اللہ کی حمد کریں۔ براہ راست اور بالواسطہ دونوں چیزیں حمد کا ذریعہ بن سکتی ہیں اور اسلام نے چاہا کہ اللہ جو ذات واجب الوجود ہے اس کی تعریف بھی براہ راست ہونی چاہیے۔ بہر حال اسلام نے بتایا کہ اللہ کی تعریف خود اللہ کے بتائے ہوئے الفاظ کے ذریعے سے کریں۔ یہودیوں کے ہاں توریت کے متعلق جو تصور ہے کہ اللہ کا کلام ہمارا رہنما ہے اس لیے چاہیے کہ ہم اس کی تعمیل کریں۔ اپنی نماز میں بھی ہم قرآن مجید یا کلام اللہ ہی پڑھتے ہیں۔ عیسائیوں کے ہاں کمیونین کا جو تصور ہے کہ ہم خدا کی ذات میں مدغم ہو گئے، وہ ایک مادی واسطے سے ہے۔ اسلام نے دیکھا کہ اللہ کی ذات مجرد ہے اس لیے اس سے تقرب بھی مجرد طور سے ہونا چاہیے۔ وہ طریقہ مسلمانوں کے ہاں تشہد ہے۔ نماز کے اختتام کے وقت قیام، رکوع، سجود، حمد و ثناء غرض کائنات میں سے ایک نوع کے طریقہ عبادت کے ذریعے سے اللہ کو اپنی اطاعت شعاری کا یقین دلا کر ہم اپنے آپ کو اس بات کے قابل تصور کرتے ہیں کہ ہمیں اللہ کے حضور میں باریابی کا شرف حاصل ہو۔ جب کسی چھوٹے کو بڑے کے حضور میں باریابی کا موقع ملتا ہے

تو چھوٹا سلام کرتا ہے اور بڑا مہربانی سے جواب دیتا ہے۔ التحیات کے معنی ہیں آداب عرض کرنا۔ یہ چیز معراج کے واقعے سے لی گئی ہے حضور ﷺ نے التحیات للہ کہا۔ اس پر اللہ نے مہربانی سے جواب دیا "السلام علیک ایھا النبی و رحمۃ اللہ و برکاتہ"۔ رسول اللہ ﷺ نے اپنی امت کا بھی خیال فرمایا اور فوراً ہی کہا "السلام علینا و علی عباد اللہ الصالحین" اور ہم سب حقیر امتیوں کو بھی، ان برکات میں جو اللہ کی طرف سے نازل ہو رہی تھیں، شامل کر لیا۔ حاضری اور ملاقات کو سلام اور جواب سلام کے ذریعے سے ہم نے رمز کے طور پر اختیار کیا ہے۔ اللہ کی ذات میں مدغم ہو جانے کا تصور ہمارے نزدیک ناقابل قبول ہے۔ اس کی جگہ ہم اللہ کا قرب حاصل کرتے ہیں۔ اس کے حضور میں حاضر ہو کر آداب بجالاتے ہیں۔ وہ ہمارے سلام کو قبول کرتا ہے اور ہم پر رحمت و برکت نازل کرتا ہے۔ اس طرح ہم دیکھتے ہیں کہ اسلامی عبادت ایک طرح سے سارے مذاہب عالم کے بلکہ ساری کائنات کے طریقہ ہائے عبادت کا خلاصہ ہے۔ کائنات میں تین طرح کی چیزیں پائی جاتی ہیں، جمادات، حیوانات اور نباتات۔ جمادات کو ہم دیکھتے ہیں کہ وہ کبھی حرکت نہیں کرتے، بلکہ ساکت رہتے ہیں۔ نماز میں ہم پہلے بے حرکت کھڑے ہو جاتے ہیں، گویا جمادات کی عبادات کا طریقہ ہماری عبادت میں قیام کے ذریعے شامل ہو گیا۔ حیوانات ہمیشہ رکوع کی حالت میں رہتے ہیں اور یہ ان کی عبادت ہے۔ ہماری نماز میں رکوع کی حالت اسی کی مماثل ہے۔ درخت اپنی جڑوں کی طرف جھکے ہوئے سجدے کی حالت میں رہتے ہیں یعنی نباتات اپنی عبادت میں سجدے کی حالت میں رہتے ہیں۔ لہذا اسلامی عبادت میں نباتات کا طریق عبادت شامل ہے۔ صرف جمادات، حیوانات اور نباتات ہی کی نہیں، نماز میں کچھ خالص انسانی خصوصیات بھی ہیں جیسے التحیات۔ اس طرح ہم دیکھتے ہیں کہ اسلامی عبارت سارے دینوں بلکہ ساری کائنات کی عبادتوں کا مجموعہ ہے،

اس لیے ان سب سے فائق ہے۔

اب میں روزے کے متعلق کچھ عرض کروں گا۔ حال ہی میں پیرس میں ایک کتاب شائع ہوئی ہے جسے ایک یورپین غیر مسلم (غالباً کیتھولک) ڈاکٹر ژوفرائے (جوفرائے) نے لکھا ہے۔ اس کا عنوان "روزہ" ہے۔ اسے پڑھتے ہوئے مجھے بعض عجیب وغریب باتیں معلوم ہوئیں۔ اس کا کہنا ہے کہ روزہ طبی نقطہ نگاہ سے بھی انسانوں کے لیے مفید ہے۔ وہ ایک دلچسپ انکشاف کرتا ہے کہ روزہ انسانوں میں ہی نہیں بلکہ کائنات کی اور چیزوں مثلاً درختوں اور حیوانوں میں بھی پایا جاتا ہے۔ اگرچہ اس کا ہمارے موضوع سے کوئی براہ راست تعلق نہیں تاہم آپ کی دلچسپی کے لیے عرض کرتا ہوں۔ جہاں تک حیوانوں کا تعلق ہے ان کے متعلق اس نے ذکر کیا ہے کہ ایسے وحشی جانور جو بالکل فطری حالت میں رہتے ہیں۔ جس زمانے میں برف باری ہوتی ہے، انہیں کھانے پینے کی کوئی چیز نہیں ملتی اور بعض اوقات اس کا سلسلہ کئی کئی مہینوں تک جاری رہتا ہے۔ جن علاقوں میں برفباری شدید ہوتی ہے وہاں برف کی وجہ سے مہینوں تک زمین نظر نہیں آتی۔ اس صورت میں ایسے جانور جو اپنی غذا خود حاصل کرتے ہیں، انہیں کوئی چیز نہ کھانے کو ملتی ہے نہ پینے کو، اس کے باوجود وہ نہیں مرتے۔ اس نے لکھا ہے کہ تحقیقات سے معلوم ہوا کہ جانور، پرندے، سانپ وغیرہ سب پہاڑوں کی غاروں میں چلے جاتے ہیں اور وہیں سو جاتے ہیں اس کو Hibernation کہتے ہیں۔ یعنی سردی کے زمانے کی نیند، اس کا سلسلہ ہفتوں بلکہ مہینوں تک جاری رہتا ہے۔ وہ بیان کرتا ہے کہ نہ کھانے اور نہ پینے کی حالت، یعنی روزے کے باعث ان جانوروں میں نئے سرے سے جوانی آجاتی ہے۔ جب سردیوں کا زمانہ ختم ہو جاتا ہے اور بہار کا موسم آنے لگتا ہے تو ایسے پرندے، جو ان غاروں میں ہیں، ان کے پرانے پر جھڑ جاتے ہیں اور نئے پر نکل آتے ہیں۔ جن کی طراوت اور رنگوں

کی خوشنمائی سے معلوم ہوتا ہے کہ وہ نئے سرے سے جوان ہو گئے ہیں۔ اسی طرح وہ سانپ کے متعلق لکھتا ہے کہ اس کی جھلی جھڑ جاتی ہے اور اس کو ایک نئی کھال یا نیا چمڑا ملتا ہے جو چمک دمک میں پہلے سے بہتر ہوتا ہے۔ اس زمانے میں ان جانوروں میں واقعی ایک جوانی سی آجاتی ہے۔ اپنی تعداد بڑھانے کے لیے نر کو مادہ سے ملنے کی خواہش پیدا ہوتی ہے۔ اس زمانے میں ان روزہ رکھے ہوئے جانوروں میں پہلے سے زیادہ قوت اور پہلے سے زیادہ جوانی آجاتی ہے۔ اسی طرح درختوں کے متعلق وہ بیان کرتا ہے کہ سردیوں خصوصاً برفباری کے زمانے میں درختوں کے سارے پتے جھڑ جاتے ہیں انہیں کوئی پانی نہیں دیا جاتا۔ ان کی کسی قسم کی آبپاشی نہیں کی ہوتی، گویا وہ روزہ رکھتے ہیں۔ روزے کی مدت ہفتوں اور مہینوں تک چلی جاتی ہے۔ یہ روزہ ختم ہونے پر درختوں کو ایک نئی جوانی حاصل ہوتی ہے۔ یعنی جو نئی کونپلیں ان میں پھوٹتی ہیں اور نئے پھول اور پھل لگتے ہیں، وہ ان درختوں کی نئی جوانی، نئے حسن اور نئی قوت پر دلالت کرتے ہیں۔ ان مشاہدات کی روشنی میں ڈاکٹر جوفرائے کا کہنا ہے کہ انسانوں کو بھی ہر سال روزے رکھنے چاہئیں، یہ ان کی صحت کے لیے بہتر ہوگا۔ یہ ان کو نئی توانائی اور نئی جوانی عطا کریں گے۔ اس نے بہت سی لمبی بحثیں کی ہیں کہ آج کل بہت سی بیماریاں ایسی ہیں جن کا ابھی تک کوئی علاج دریافت نہیں ہوا۔ ان کا علاج طویل یا مختصر فاقہ کشی، یعنی روزے کے ذریعے کیا جاتا ہے۔ آخر میں اس کا نتیجہ نکالا ہے کہ انسانوں کو ہر سال سات ہفتے لازماً روزہ رکھنا چاہیے اور ہر ہفتے میں ایک دن روزہ چھوڑ دینا چاہیے۔ اس طرح اسے (۶x۷=۴۲) بیالیس روزے رکھنے چاہئیں۔ اسے ہم ان کا چلہ کہہ سکتے ہیں۔ اس کی رائے میں انسان کی صحت کو محفوظ رکھنے کا یہ بہترین طریقہ ہے۔ یہ "طبی" مشورہ عیسائی دینی عقائد و احکام سے متاثر ہے۔

انجیل میں ہے کہ حضرت عیسیٰ علیہ السلام نبوت ملنے سے قبل ایک صحرا میں

معتکف ہوئے اور مسلسل چالیس دن روزہ رکھا تھا۔ ابتدائی عیسائی اس کی یاد میں خود بھی روزہ رکھنے لگے مگر عمل درآمد ہر جگہ یکساں نہ تھا۔ سن ۴۳۹ء سے پہلے شہر روما کے عیسائی صرف تین ہفتے روزہ رکھتے تھے، تو اسکندریہ والے سات ہفتے جن میں سارے سنیچر اور اتوار مستثنٰی ہوتے بجز ایک "مقدس سنیچر" کے۔ اس طرح چھتیس روزے ہر سال رکھے جاتے تھے، اور وہ خیال کرتے تھے کہ ۳۶ کی تعداد سال کا دسواں حصہ ہے اور مال کی طرح، غذا کا بھی دسواں حصہ "زکوٰۃ" میں دینا چاہیے (لیکن عیسائیوں کے ہاں شمسی سال رائج ہے جس کے ۳۶۵ یا ۳۶۶ دن ہوتے ہیں، اس لیے "سال کا دسواں حصہ" ایک فرضی امر تھا) اور یوں بھی صبح سے تین بجے تک ہی روزہ رکھا جاتا تھا اور روزہ اکیس سال کی عمر پر واجب ہوتا ہے۔ سنن ابن ماجہ میں ایک حدیث نبوی بیان ہوئی ہے کہ "ہر چیز پر زکوٰۃ ہے، اور جسم کی زکوٰۃ روزہ ہے"۔ ایک اور حدیث یہ بیان کی ہے کہ جو کوئی رمضان کا پورا مہینہ روزے رکھے، پھر اس کے بعد کے مہینے شوال میں چھ دن روزے رکھے تو یہ پورا سال روزہ رکھنا متصور ہوتا ہے۔ یہ اصل میں ایک آیت کریمہ (۶:۱۶۱) پر مبنی ہے۔ "کوئی ایک نیکی کرتا ہے تو اسے دس گنا ثواب دیا جائے گا"۔ یہ بہت ٹھیک بیٹھتا ہے کہ ایک مہینے کے دس مہینے اور چھ دن کے ساٹھ دن یعنی دو مہینے (۲+۱۰=۱۲ یا پورا سال) شمار ہوتا ہے ایک اور طریقہ حساب یہ ہے کہ رمضان کبھی انتیس کا ہوتا ہے اور کبھی تیس کا، اور ستہ شوال کے باعث کبھی ۳۵ اور کبھی ۳۶ دن روزے رکھے جاتے ہیں جن کا دس گنا کبھی ۳۵۰ اور کبھی ۳۶۰ دن ہوں گے جن کا اوسط ۳۵۵ ہوگا اور قمری سال میں اتنے ہی دن ہوتے ہیں۔

ہندوؤں کے ہاں روزہ ہے لیکن زمانہ اور تعداد زیادہ معین نہیں اور لزوم بھی کم ہے۔ بانیان مذہب کی تاریخ پیدائش اور سورج گرہن اور چاند گرہن جیسے اثر انداز

کرشمہ ہائے قدرت کے موقعوں پر دیندار لوگ روزہ رکھتے ہیں اور سہ پہر کے تقریباً تین بجے افطار کر لیتے ہیں۔ میکسیکو کے سرخ فام لوگوں کے دینی سرگروہ سالانہ (۱۶۰) دن روزہ رکھتے ہیں، گویا ایک دن ایک آڑ۔ حدیث میں ہے کہ یہ حضرت داؤد علیہ السلام کی بھی عادت تھی۔ بعض ممالک میں قدیم زمانے میں موسم بہار میں روزہ رکھنا واجب کیا گیا تھا تاکہ غیر شادی شدہ لوگوں میں زناکاری کم ہو۔ ایک حدیث میں بھی ہے کہ کسی کے پاس بیوی نہ ہو تو باعفت رہنے کے لیے روزہ رکھا کرے۔

دوسری قوموں کا حج یا تو اپنے کسی بزرگ، کسی ولی، کسی بانی مذہب کی قبر کی زیارت کرنا ہے یا مظاہر قدرت اور عجائبات میں سے کسی بہت ہی عجیب چیز کی زیارت کرنا ہے، چنانچہ ہندو دریائے گنگا کے منبع کی زیارت کرتے ہیں اور سمجھتے ہیں کہ اس میں بڑا ثواب ہے۔ دریائے گنگا اور جمنا کا سنگم، جو الہ آباد کے مقام پر ہے، اس کی زیارت میں بڑا ثواب سمجھتے ہیں۔ اسی طرح عیسائیوں کے ہاں حضرت عیسیٰ علیہ السلام کی جو مبینہ قبر ہے، ہر چند کہ وہ کہتے ہیں کہ حضرت عیسیٰ علیہ السلام آسمان پر جا چکے ہیں اور قبر خالی ہے، لیکن ان کے نزدیک اس قبر کی زیارت کرنا بہت ثواب کا کام ہے۔ عام عیسائی جو بیت المقدس نہیں جا سکتے ہیں، وہ سینٹ پیٹر کی قبر کی، جو ویٹیکن اٹلی میں ہے، زیارت کرنا ثواب سمجھتے ہیں اور مذہب کے نام تک سے نفرت کرنے والے کمیونسٹ جب انگلستان جاتے ہیں تو ان کے نہایت ہی محترم افراد مثلاً وزیر اعظم اور وزیر خارجہ بھی کارل مارکس کی قبر کی زیارت کو ضرور جاتے ہیں، جو انگلستان میں دفن ہے۔ گویا ان کے ہاں بھی حج پایا جاتا ہے لیکن یہ سارے حج یا تو مظاہر قدرت کے کسی مقام کی زیارت یا اپنے کسی مقدس آدمی کی قبر کی زیارت پر مشتمل ہیں۔ مسلمانوں کا حج ان سب سے مختلف ہے اور وہ ہے اللہ کے گھر کی زیارت۔ اس کے حضور میں، اس کے مکان میں حاضر ہو کر باریابی حاصل کرنا۔ کعبے کو

علامتی طور پر بیت اللہ کہا جاتا ہے۔ یہ ایک رمز ہے جس کی توجیہ ان نوجوانوں کے لیے شاید دلچسپی کا باعث ہو جنہوں نے کبھی اس پہلو پر غور نہیں کیا۔ اللہ کے اسماء حسنیٰ ننانوے ہیں۔ قرآن مجید میں ایسے نام بھی ہیں جو اللہ کی صفات کے مظہر ہیں مثلاً رازق، خالق وغیرہ وغیرہ، ان ناموں میں سے جو نام میری رائے میں انسان اور خدا کے تعلق کی سب سے بہت نمائندگی کرتا ہے وہ نام ہے "ملک" بادشاہ جب ایک نام کسی ایک غرض کے لیے منتخب کر لیا گیا تو انسانی سوسائٹی میں ان نام کے ساتھ جو لوازم ہیں ان کو بھی قبول کرنا ہوگا۔ بادشاہ سے کچھ چیزیں خاص طور پر منسوب ہیں مثلاً بادشاہ کا ایک تخت ہوتا ہے۔ قرآن میں اس کا ذکر آیا ہے خدا کا عرش ہے۔ عرش کے معنی تخت کے ہیں۔ بادشاہ کے پاس فوجیں ہوتی ہیں (وَلِلّٰہِ جُنُوْدُ السَّمٰوٰتِ وَالْاَرْضِ) (۴:۴۸) (آسمانوں اور زمینوں کی فوجیں اللہ ہی کی ہیں) بادشاہ کے پاس خزانے ہوتے ہیں (وَلِلّٰہِ خَزَائِنُ السَّمٰوٰتِ وَالْاَرْضِ) (۶۳:۷) (زمین و آسمان کے خزانے اللہ ہی کے ہیں۔ بادشاہ کے پاس ملک ہوتا ہے (وَلِلّٰہِ مُلْکُ السَّمٰوٰتِ وَالْاَرْضِ) (۱۸۹:۳)۔ جب سلطنت کا رقبہ وسیع ہو تو بادشاہ پایہ تخت یا صدر مقام تجویز کرتا ہے۔ پایہ تخت کے لیے انگریزی زبان کے ایک لفظ سے آپ واقف ہوں گے (Metropolis)۔ یہ ایک یونانی لفظ ہے جس کے معنی ہیں "شہروں کی ماں" اس معنی میں قرآن (۹۲:۶) کا لفظ ہے "ام القریٰ" اور شہر مکہ "ام القریٰ" ہی کے نام سے مشہور ہے، گویا اللہ کی سلطنت کا وہ صدر مقام ہے۔ جب ایک میٹروپولس یا ام القریٰ ہو تو وہاں بادشاہ کا محل بھی ہوگا، چنانچہ بیت اللہ الحرام، اللہ کا مکان یا اللہ کا گھر وہاں پر موجود ہے گویا کعبہ جو بیت الحرام ہے (قرآن ۹۷:۵) یہ اس بادشاہ کا محل ہے، کسی ملک میں بادشاہ ہو تو یہ ہمیشہ رواج رہا ہے کہ رعایا کے نمائندہ پایہ تخت کو جا کر بادشاہ کے ہاتھ پر بیعت کرتے اور اپنی اطاعت کا یقین دلاتے ہیں۔ حج کے سلسلے میں جب لوگ مکہ معظمہ

جاتے اور کعبے کے سامنے حاضر ہوتے ہیں تو وہ حجر اسود پر اپنا ہاتھ رکھتے ہیں اور حجر اسود کو (اور اگر دور ہوں تو ہاتھ سے اشارہ کر کے اپنے ہاتھ کو) بوسہ دے کر طواف کا آغاز کرتے اور اسے جاری کرتے ہیں۔ اس کو ہمارے فقہاء دو ناموں سے یاد کرتے ہیں۔ اسے استلام بھی کہتے ہیں اور بیعت بھی کہتے ہیں۔ بیعت کے معنی ہیں اپنے آپ کو بیچ دینا۔ اپنے آپ کو (اللہ کے ہاتھ) فروخت کر دینا اور کہہ دینا کہ اے اللہ! میں اپنی ذات کو تیرے سپرد کرتا ہوں۔ ہم اللہ سے ایک معاہدہ کرتے ہیں اور اس معاہدے کی تکمیل کرتے ہیں۔ معاہدے کرنے کا عام طور پر ایک طریق یہ ہوتا ہے کہ ایک شخص دوسرے شخص کے ہاتھ پر اپنا ہاتھ رکھتا تھا، چنانچہ ہم اپنا ہاتھ اللہ کے ہاتھ پر رکھتے ہیں۔ اس لفظ سے آپ گھبرائیے نہیں کہ اللہ کے ہاتھ پر ہم اپنا ہاتھ رکھتے ہیں۔ ایک متواتر حدیث ہے جسے پانچ صحابہ نے روایت کیا ہے۔ اس کے الفاظ ہیں الحجر الاسود یمین اللہ فی الارض (حجر اسود زمین پر اللہ تعالیٰ کا دایاں ہاتھ ہے) چنانچہ اللہ کے دائیں ہاتھ پر ہم معاہدہ کرتے اور بیعت کرتے ہیں۔ جب اپنی بیعت کے ذریعے سے اپنے بادشاہ کو ہم اطمینان دلا دیتے ہیں کہ ہم اس کے سچے اور مخلص مطیع ہیں تو سب سے بڑا اعزاز، وہ مالک جو ہم کو عطا کر سکتا ہے وہ یہ ہے کہ اپنے گھر کی پاسبانی کے لیے ہمیں اپنا سنتری بنائے۔ کعبے کے اطراف ہم طواف کرتے ہیں یعنی بادشاہ کے گھر کی حفاظت کرتے ہیں۔ ساری عمر یا روزانہ چوبیس گھنٹے پہرہ دینے کے بجائے سات مرتبہ طواف کرنا کافی قرار دیا گیا ہے۔ سات کا عدد رمزیہ یا علامتی (Symbolic) ہے۔ چنانچہ وقت جس کی ابتداء معلوم ہے نہ انتہا، اس لا محدود شے کو جب ہم نے شمار کی غرض سے محدود کرنا چاہا تو ہم نے سات ہی کا عدد استعمال کیا۔ ہفتے میں سات دن ہوں گے، وہی سات دن بار بار اپنے آپ کو دہراتے رہیں گے اور بہت سی چیزیں مثلاً سبع السمٰوات وغیرہ۔ سات کا ہندسہ بطور رمز غیر محدود کے معنی میں استعمال

ہوتا ہے۔ لہٰذا اللہ کے گھر کی پاسبانی کے لیے اگر ہم سات مرتبہ اس کے اطراف چکر لگائیں تو یہ ابدی طور پر اپنے فریضے کی انجام دہی کے ہم معنی ہو جاتا ہے۔ قصر شاہی کی پاسبانی بڑا اعزاز ہے، اور انتہائی قابل اعتماد سپاہیوں کو عطا کیا جاتا ہے کیونکہ بادشاہ کی جان و مال گویا ان سنتریوں کے رحم و کرم پر منحصر ہوتی ہے۔ یہ گفتگو حج کے ایک جز یعنی کعبے کی زیارت اور کعبے کے طواف کے متعلق تھی۔ لیکن حج میں کچھ اور چیزیں بھی ہیں۔ صفا اور مروہ کے درمیان سعی کرنا اور چکر لگانا، اسی طرح عرفات کو جانا اور پھر منیٰ کو جانا۔ چند الفاظ میں ان کے متعلق بھی عرض کروں گا کہ ان میں کیا رمز پایا جاتا ہے۔ صفا اور مروہ کے متعلق آپ کو معلوم ہوگا کہ حضرت ابراہیم علیہ السلام کا قصہ ہے۔ اللہ کے حکم سے حضرت ابراہیم علیہ السلام اپنے بیٹے حضرت اسمٰعیل علیہ السلام اور اپنی بیوی حضرت ہاجرہ کو ایک بے آب و گیاہ صحرا میں تنہا چھوڑ کر چلے گئے اور جاتے وقت صرف ایک مشکیزہ پانی اور تھوڑی سی کھانے کی کوئی چیز دے گئے۔ دو ایک دن بعد جب پانی اور غذا کا ذخیرہ ختم ہو گیا تو دودھ پیتا بچہ، حضرت اسمٰعیل علیہ السلام، پیاس سے بے قرار ہو کر رونے چلانے لگا۔ حضرت ہاجرہ پانی کی تلاش میں نکلتی ہیں۔ کسی طرف بھی پانی کے آثار نظر نہیں آتے۔ قریب ہی ایک چٹان تھی، سوچا کہ اگر چٹان پر چڑھوں تو شاید ذرا دور سے جائزہ لے سکوں۔ صفا کا پہاڑ ایک چھوٹی سی چٹان کی صورت میں اب بھی موجود ہے، اس پر چڑھتی ہیں، آس پاس نظر ڈالتی ہیں، کہیں پانی نظر نہیں آتا۔ پھر دیکھتی ہیں کہ آگے ایک اور چٹان ہے جسے مروہ کا پہاڑ کہا جاتا ہے، دوڑتی ہوئی وہاں جا کر اس کے اوپر چڑھتی ہیں۔ آس پاس دیکھتی ہیں تو وہاں بھی کچھ میسر نہیں۔ ماں کی مامتا مایوس نہیں ہوتی۔ واپس آتی ہیں بچے کو دیکھتی ہیں پھر صفا پہاڑ پر چڑھتی ہیں پھر مروہ پر چڑھتی ہیں۔ کچھ نظر نہیں آتا۔ اس طرح سات مرتبہ چکر لگاتی ہیں وہی سات کا ہندسہ جو ابدیت کی علامت سمجھا

جاتا ہے۔ ساتویں مرتبہ جب بچے کے پاس آئیں تو دیکھا کہ بچے نے جہاں پیاس سے مجبور ہو کر اپنے ننھے سے پاؤں کی ایڑیاں زمین پر ماری تھیں، وہاں سے ایک چشمہ (زمزمہ) پھوٹ پڑا اور پانی نکل آیا۔ اس سے زیادہ تفصیل غیر ضروری ہے۔ صفا اور مروہ کے درمیان سعی کرنے کو ارکان حج میں اس لیے شامل کیا گیا کہ یہ واقعہ ماں کی مامتا کی یادگار ہے اور ماں کی مامتا اس بے پناہ شفقت و محبت کی علامت ہے جو خالق کو اپنی مخلوق کے ساتھ ہے۔ اس کے بعد حاجی مکے سے عرفات کو جاتے ہیں۔ یہ وہ مقام ہے جہاں روایت کے مطابق جنت سے زمین پر آنے کے بعد مدت کے بچھڑے ہوئے حضرت آدم علیہ السلام اور ان کی بیوی حضرت حوا کی دوبارہ ملاقات ہوئی تھی اور حضرت آدم علیہ السلام کا گناہ بھی اللہ تعالیٰ معاف کر دیتا ہے۔ نسل آدم کے لیے ان کے جد اعلیٰ کی یہ سب سے اہم یادگار ہے۔ ہم بھی انہیں کی طرح خدا سے مغفرت کی التجا کرتے ہیں۔ اس کے بعد منیٰ آتے ہیں۔ منیٰ کے متعلق روایت ہے کہ جب اللہ نے آزمائش کے لیے حضرت ابراہیم علیہ السلام کو اپنے اکلوتے بیٹے حضرت اسمعیل علیہ السلام کو قربان کرنے کا حکم دیا تو انہوں نے اس حکم کی تعمیل منیٰ میں کی تھی۔ لکھا ہے کہ وہ مکے سے اپنے بیٹے کا ہاتھ اپنے ہاتھ میں لے کر چلے اور اللہ کے حکم سے بڑھتے بڑھتے مکے سے آگے تقریباً تین میل کے فاصلے پر منیٰ پہنچے۔ شیطان نے جب اللہ کے ان بندوں کو رضائے الٰہی کی طلب میں سخت ترین آزمائشوں سے بھی بڑی خوشی سے گزرتے دیکھا تو انہیں بہکانے کے لیے انسان کی شکل میں نمودار ہوا۔ اولاً حضرت ابراہیم علیہ السلام سے یہ کہا کہ تم نے خواب کی بات پر کیسے یقین کر لیا کہ اللہ تمہیں ایسا حکم دے رہا ہے۔ ممکن ہے خواب میں شیطان آیا ہو۔ حضرت ابراہیم علیہ السلام اپنی فراست نبوی سے فوراً پہچان جاتے ہیں کہ یہ شیطان ہے۔ چنانچہ مٹھی بھر سنگریزے زمین سے اٹھا کر اس کو پھینک مارتے ہیں۔ شیطان بھاگ کر

غائب ہو جاتا ہے۔ تھوڑی دیر بعد ایک نئ شکل میں پھر آتا ہے اور اس بار حضرت ہاجرہ کے پاس پہنچتا ہے اور کہتا ہے مائی تیرا شوہر تیرے اکلوتے بیٹے کو قتل کرنا چاہتا ہے لیکن حضرت ہاجرہ بھی شیطان کو پہچان جاتی ہیں، وہ بھی پتھریاں اٹھا کر مارتی ہیں اور اسے وہاں سے بھاگنے پر مجبور کرتی ہیں۔ شیطان غائب ہو جاتا ہے۔ پھر اس ننھے بچے حضرت اسمعیل علیہ السلام کے پاس آکر کہتا ہے کہ منے تیرا باپ تیری گردن پر چھری پھیرنا چاہتا ہے، اس سے بہت تکلیف ہوتی ہے، باپ سے کہہ دو میں یہ نہیں چاہتا۔ کم عمری کے باوجود حضرت اسمعیل علیہ السلام میں نبوت کی فراست تھی۔ انہوں نے بھی شیطان کو پتھریاں پھینک کر بھاگنے پر مجبور کر دیا۔ اس کے بعد کے واقف سے آپ واقف ہیں۔ حضرت ابراہیم علیہ السلام، حضرت اسمعیل علیہ السلام کو زمین پر منہ کے بل لٹاتے ہیں۔ اپنی آنکھوں پر ایک پٹی باندھتے ہیں اور پورے عزم واستقلال سے بیٹے کی گردن پر چھری چلا دیتے ہیں۔ پھر پٹی کھولتے ہیں تو کیا دیکھتے ہیں کہ بیٹا تو کھڑا مسکرا رہا ہے اور اس کی جگہ ایک بھیڑ یا بکری تھی، جو ذبح ہو گئی تھی۔ اللہ کو تو حضرت ابراہیم علیہ السلام کا امتحان لینا مقصود تھا۔ انہوں نے دعویٰ کیا تھا کہ میں رضائے الٰہی پر ہر چیز قربان کردوں گا۔ اللہ نے انہیں سخت ترین آزمائش میں ڈالا کہ بڑی منتوں اور مرادوں کے بعد تقریباً سو سال کی عمر میں جو پہلا بیٹا پیدا ہوا، اسی کو ذبح کرنے کا حکم دیا۔ بندگی اور حق پرستی کا یہ کمال دیکھئے کہ حضرت ابراہیم علیہ السلام اس آزمائش میں بھی پورے اترے۔ سنت ابراہیمی کی ادائیگی کے لیے ہم منیٰ میں شیطان کو کنکریاں مارتے ہیں اور قربانی کرتے ہیں۔ یہ بھی ارکان حج میں شامل ہے۔ جن تین مقامات پر شیطان پر کنکریاں پھینکی جاتی ہیں اس کا مفہوم یہ ہے کہ اللہ تعالیٰ کے احکام کی تعمیل میں جو شیطانی وسوسے آڑے آتے ہیں ان کا مقابلہ کریں۔

زکوٰۃ کے بارے میں آج کچھ زیادہ عرض کرنے کا موقع نہیں ہے۔ صرف اتنا کہوں گا کہ زکوٰۃ ارکان عبادات میں سے ایک ایسا رکن ہے جو مال کے ذریعے ادا کیا جاتا ہے۔ اسلام دین اور دنیا کا جامع ہے (فی الدنیا حسنۃ وفی الاخرۃ حسنۃ) کی تعلیم دیتا ہے۔ لہذا زکوٰۃ میں بھی مالی ایثار کے ذریعے سے اصلاح باطن کا پہلو اور معاشرے کی مادی فلاح و بہبود کا پہلو بھی موجود ہے۔ اس کا کسی اور دن مفصل ذکر کروں گا، ان شاء اللہ۔

اب آخر میں میں تصوف کے متعلق بھی مختصراً کچھ عرض کروں گا۔ جس حدیث شریف کا میں نے ابتداء میں ذکر کیا تھا۔ اس میں حضرت جبرئیل نے رسول اللہ ﷺ سے اولاً ایمان کے متعلق سوال کیا، پھر اسلام کے متعلق اور پھر احسان کے متعلق۔ احسان کے لفظی معنی کسی چیز کو حسن عطا کرنا، خوبصورت بنا دینا ہے۔ زندگی کا کوئی کام ہو، اسے سنوارنا اور خوبصورت طریقے سے انجام دینا، یہی احسان ہے۔ جب ہم اس لفظ کو مذہبی اصطلاح کے طور پر استعمال کرتے ہیں تو اس کا مفہوم یہ ہوتا ہے کہ احکام الٰہی کو سچے دل سے قبول کرنا اور عبادت میں خلوص پیدا کرنا۔ ہمارے اسلاف نے اس اخلاص فی العمل کو "سلوک" اور "طریقت" کا نام دیا ہے۔ سلوک اور طریقت دونوں کے معنی ہیں راستہ چلنا اور اس سے مراد ہے اللہ کی طرف جانے کا راستہ۔ بعد میں اسی مفہوم کے لیے تصوف کا لفظ استعمال ہونے لگا۔ تصوف کی وجہ تسمیہ بیان کرنے میں بہت سی باتیں کہی گئی ہیں۔ یہاں اس بحث کا موقع نہیں ہے۔ البتہ رسول اکرم ﷺ نے احسان کی جو تعریف بیان کی ہے اس کا ذکر ضروری ہے۔ جب رسول اکرم ﷺ سے جبرئیل نے پوچھا کہ "احسان" کیا ہے؟ تو رسول اکرم ﷺ نے ایک ایسا جواب دیا جو اپنے اختصار اور معنی کی گہرائی کے باعث ایک معجزہ بیانی ہے۔ رسول اللہ ﷺ نے ارشاد فرمایا "تم اللہ کی اس طرح عبادت کرو گویا کہ اللہ تمہارے سامنے موجود تمہاری حرکتوں کو دیکھ رہا

ہے، اگرچہ تم اسے نہیں دیکھتے لیکن اللہ تمہیں دیکھتا ہے" بالفاظ دیگر حضور خداوندی کا تصور انسان اپنے اندر اس طرح لائے کہ اسے اللہ اپنے سامنے محسوس ہو گویا کہ اللہ اس کے ظاہر و باطن کو دیکھ رہا ہے۔ اگر ہم اپنے اندر حضور خداوندی کے تصور کو اتنا ترقی دے لیں کہ یہ تصور ہماری پوری شعوری زندگی پر حاوی ہو جائے تو ظاہر ہے کہ ہمارے لیے یہ قطعاً ناممکن ہو گا کہ اللہ کے احکام کی خلاف ورزی اور اس سے انحراف کریں۔ آقا سامنے موجود اور نگرانی کر رہا ہے تو کون سا غلام یا نوکر آقا کے احکام کی خلاف ورزی کی جرات کرے گا۔ یہ ہے تصوف کا خلاصہ۔ باقی ساری چیزیں ذیلی ہیں ہم اپنی اصلاح نفس اور اپنی روحانی قوتوں کو ترقی دینے کے لیے مختلف تدبیریں اختیار کر سکتے ہیں۔ مثلاً نفلی روزے رکھنا، تسبیح پڑھنا، نفل نمازیں پڑھنا وغیرہ وغیرہ۔ ان کا ذکر حدیثوں میں بھی آتا ہے کہ آنحضرت ﷺ نے سب لوگوں کو ایک ہی طریقہ نہیں سکھایا یعنی نوافل کے سلسلے میں کسی کو کچھ اور کسی کو کچھ بتایا۔ اس کی وجہ یہ تھی کہ ہر شخص کی صلاحیتیں مختلف ہوتی ہیں۔ اس ضمن میں یہ عرض کر دوں کہ سعودی عرب کے علماء تسبیح پڑھنے کو بدعت قرار دیتے ہیں کیونکہ رسول اللہ ﷺ کے زمانے میں یہ چیز نہیں تھی۔ ایک حبشی طالب علم، جس نے فرانس میں تعلیم پائی تھی اور آج کل جدہ یونیورسٹی میں ملازم ہے، اس نے مجھ سے پوچھا کہ کیا تسبیح پڑھنا جائز ہے؟ میں سے اس بارے میں کبھی تحقیق نہیں کی تھی لیکن رسول اللہ ﷺ کے زمانے کا ایک واقعہ یاد آیا۔ حضرت ابو ہریرہؓ فرماتے ہیں کہ رسول اکرم ﷺ نے ایک دعا مجھے دو ہزار مرتبہ روزانہ سونے سے پہلے پڑھنے کی تاکید فرمائی تھی۔ دو ہزار ایک ایسا ہندسہ ہے جس کا انگلیوں پر شمار کرنا مشکل ہے۔ حضرت ابو ہریرہؓ ذہین آدمی تھے، انہوں نے ایک ڈوری لی اور اس میں دو ہزار گرہیں ڈال لیں۔ اس کے ذریعے وہ تسبیح پڑھا کرتے تھے۔ اب چاہے تو اس تسبیح میں گرہیں ہوں یا اس کے

اندر منکے ہوں یا کوئی اور چیز ہو، اس سے کوئی فرق نہیں پڑتا۔ یہ واقعہ میں نے اس حبشی طالب علم کو لکھ کر بھیجا۔ میں سمجھتا ہوں کہ وہ مطمئن ہو گیا۔ اس کے بعد مجھے ایک اور حدیث ملی جو صحیح بخاری میں ہے۔ وہ یہ کہ ایک مرتبہ رسول اللہ ﷺ ایک عورت کے پاس سے گزرے جس نے اپنے سامنے کنکریوں کا ایک ڈھیر رکھ لیا تھا۔ وہ درود پڑھا کرتی تھی، ایک کنکری اٹھاتی اور درود پڑھ کر ادھر ڈال دیتی۔ اس کے بعد دوسری کنکری اٹھاتی۔ کنکریوں کا ڈھیر گویا اس کی تسبیح تھی۔ یہ ایک غیر ترقی یافتہ (Primitive) طریقہ ہے۔ لیکن مقصود یہی ہے کہ ہم اپنے انجام شدہ کام کی صحیح مقدار بھول نہ جائیں اور اس ذریعہ سے معلوم ہوتا رہے کہ کتنا کام ہو چکا ہے اور کتنا کام باقی ہے۔ رسول اللہ ﷺ صحابہ کو جن چیزوں کی تاکید کرتے تھے ان میں نفل روزے بھی تھے اور نمازیں بھی، درود اور وظائف بھی اور مختلف موقعوں پر پڑھنے کی مختلف دعائیں بھی۔ ہر صحابی اپنی صلاحیت اور قابلیت کے مطابق مختلف طریقے اختیار کرتا تھا۔ رسول اللہ ﷺ کے زمانے میں سلوک اور تصوف کی حقیقت بس یہی تھی۔ بعد کے زمانے میں تصوف میں دوسرے تصورات بھی شامل ہونے لگے۔ وحدت الوجود اور وحدت الشہود کے مسائل پر بحثیں ہونے لگیں۔ ان چیزوں کو نبوی تصوف سے کوئی تعلق اس بناء پر نہیں ہے کہ یہ بحثیں رسول اللہ ﷺ کی زندگی میں نہیں پائی جاتیں۔ بلکہ بعد کے لوگوں کی پیدا کردہ ہیں۔ اسلامی تصوف وہی ہے جس کی تفسیر رسول اللہ ﷺ نے اس معجزانہ جملے کے ذریعے فرمائی کا اللہ کی عبادت یعنی اللہ کے احکام کی تعمیل اس طرح کرو گویا اللہ حاضر و ناظر ہے، ہمارے اعمال اور ہمارے خیالات ہر چیز کو دیکھ رہا ہے، اگرچہ ہم اسے نہیں دیکھ سکتے۔ خدا حافظ!

سوالات وجوابات

برادران کرام! خواہران محترم! السلام علیکم ورحمۃ اللہ وبرکاتہ!

متعدد سوالات جو آپ کی طرف سے آئے ہیں ان کے جوابات دینے کی کوشش کرتا ہوں۔

سوال ا: اسلامی عقائد کے مطابق قسمت، تقدیر، مقدر کے معنی واضح کریں مثلاً ایک آدمی پانی میں ڈوب کر مرتا ہے تو کہتے ہیں کہ اس کی موت ایسے ہی لکھی گئی تھی۔ دوسری مثال یہ ہے کہ ایک مسلمان دوسرے مسلمان کو قتل کر دیتا ہے، مقتول کی قسمت ایسی لکھی گئی تھی۔ کیا قاتل کے مقدر میں نہیں ہے کہ وہ دوسرے مسلمان کو قتل کرے گا؟ اگر قسمت ایسی تھی تو روز آخرت اس کی سزا کیوں ہے؟ فرمان خداوندی ہے کہ اللہ تعالیٰ کی مرضی کے بغیر درخت کا پتہ بھی نہیں ہل سکتا۔ وضاحت کریں۔ آپ نے فرمایا کہ برائی اور بھلائی Automatic ہیں لیکن ایک بات مدنظر رکھیں گے بھلائی کے لیے انسان کو قربانی دینا پڑتی ہے، تکلیف برداشت کرنا پڑتی ہے۔ برائی میں انسان کو لذت نصیب ہوتی ہے۔ دنیاوی تکلیف کا صلہ ضرور ملنا چاہیے اور دنیاوی ناجائز عیش و عشرت کا خمیازہ بھگتنا پڑے گا۔

جواب" معلوم نہیں میرے دوست نے میری پوری تقریر سنی ہے یا نہیں؟ کیونکہ تقدیر کے متعلق میں کافی تفصیل سے اپنے خیالات واضح کر چکا ہوں اور یہ بھی عرض کر چکا ہوں کہ یہ ایک طرح کا مخمصہ (Dilemma) ہے۔ ہم اس مسئلے کا نہ ایک پہلو لے سکتے ہیں، نہ دوسرا پہلو جو پہلو بھی اختیار کریں گے، اس پر اعتراضات ہوں گے اس کا کوئی حل نہیں ملتا۔ اس لیے حضور اکرم ﷺ نے فرمایا کہ خدا کے سامنے ہم ذمہ دار ہیں، یہ

بھی صحیح ہے۔ خدا ہر چیز پر قادر ہے، بشمول ہمارے لیے ہمارے اعمال کو مقرر کرنے کے، وہ بھی اپنی جگہ برقرار ہے۔ یہ دونوں کس طرح ہیں، مجھے دوبارہ دہرانے کی ضرورت نہیں لیکن ایک بات کو میں دہرائے دیتا ہوں۔ ہم لوگ تو یہ کہتے ہیں کہ میں برائی کروں تو مجھے سزا کیوں دی جاتی ہے جبکہ خدا اس کو مقرر کرتا ہے۔ میں نے کہا تھا کہ بھلائی کا بھی یہی حال ہے، بھلائی بھی ہمارے مقدر میں ہے۔ اگر میں اس کو کرتا ہوں تو مجھے اس کی جزا پانے اور جنت میں جانے کا حق کیسے ہو سکتا ہے؟ میں نے اسی سیاق وسباق Context میں ذکر کیا تھا۔

سوال ۲: ڈارون کا نظریہ ارتقاء اگر سائنسی نقطہ نظر سے صحیح ہے تو اسلام اور سائنس میں تضاد ہے۔ آپ اس تضاد کو حل کرنے کے بارے میں ارشاد فرمائیں۔

جواب: آپ نے یہ پہلے ہی فرض کر لیا ہے کہ ڈارون کو نظریے کو اسلام نے رد کر دیا ہے اس کو ثابت کرنا آپ پر واجب ہے۔ بعد میں دیکھیں گے کہ یہ چیز اسلام کے موافق ہے یا مخالف۔ میں عرض کروں گا کہ ڈارون کا نظریہ ہمارے ہاں بعض اوقات اس لیے پیچیدگی پیدا کرتا ہے کہ ہم فرض کرتے ہیں کہ ڈارون ایک ملحد تھا، خدا کو نہیں مانتا تھا، حالانکہ ڈارون کی سوانح عمری پڑھیے تو آپ کو معلوم ہو گا کہ وہ خدا کا قائل تھا۔ جب اس نے اپنے آبائی فن علم طب کی تعلیم مکمل کر لی، ڈاکٹر بن گیا تو یکایک کایا پلٹ گئی۔ دنیا سے وہ نفور ہو گیا اور خدا کی طرف مائل ہوا۔ چنانچہ کیمبرج یونیورسٹی میں اس نے عیسائی مذہب کی تعلیم حاصل کی جہاں طلباء کو تقابل ادیان (comparative religion) کی تعلیم بھی دی جاتی تھی۔ یہاں ڈارون نے اسلام کے متعلق معلومات حاصل کرنے کے لیے عربی زبان بھی پڑھی تھی۔ اس کے خطوط کا جو مجموعہ شائع ہوا اس میں کئی خط اس نے اپنے عربی کے استاد کے نام لکھے ہیں اور بے حد ادب واحترام سے اس

کا نام لیا ہے۔ میں سمجھتا ہوں کہ اس زمانے میں کیمبرج یونیورسٹی میں عربی نصاب کی جو کتابیں پڑھائی جاتی ہیں ان میں یا تو "اخوان الصفا" کے اقتباسات ہوں گے یا ابن مسکویہ کی "الفوز الاصغر" کے انتخابات۔ ان دونوں کتابوں میں ارتقاء کا نظریہ بیان کیا گیا ہے اور آپ کو معلوم کر کے حیرت ہو گی کہ ان مسلمان مؤلفوں کی زندگی میں کسی نے کوئی اعتراض نہیں کیا اور کبھی انہیں کافر قرار نہیں دیا گیا۔ اخوان الصفا اور ابن مسکویہ کی الفوز الاصغر، تیسری چوتھی صدی ہجری کی کتابیں ہیں۔ ان میں لکھا ہے کہ خدا پہلے مادہ کو پیدا کرتا ہے اور اس مادہ کو ترقی کی قوت عطا کرتا ہے۔ لہٰذا مادہ اولاً غبار یا دھوئیں کی صورت اختیار کرتا ہے پھر ترقی کرتے ہوئے پانی کی صورت اختیار کرتا ہے، پھر ترقی کرتے ہوئے جمادات کی صورت اختیار کرتا ہے۔ جمادات ترقی کرتے ہوئے مختلف قسم کے پتھر بنتے ہیں اور بالآخر وہ مرجان کی صورت اختیار کرتے ہیں جو ہوتے تو پتھر ہیں لیکن ان میں درخت کی سی شاخیں ہوتی ہیں۔ پھر جمادات کے بعد نباتات کا سلسلہ شروع ہوتا ہے۔ درخت ترقی کرتے جاتے ہیں اور سب سے آخری مرحلے میں ایسا درخت ملتا ہے جو جانور کی خصوصیات سے بہت قریب ہوتا ہے۔ یہ ہے کھجور کا درخت۔ اور درختوں کے مقابلے میں کھجور کے درخت میں نر اور مادہ الگ الگ ہوتے ہیں اور درختوں کے بالمقابل جن کی ساری شاخیں بھی اگر ہم کاٹ دیں تو درخت مرتا نہیں، کھجور کا سر کاٹ دیں تو درخت مر جاتا ہے۔ اس لیے کھجور کے درخت کو اعلیٰ ترین پودے اور ادنیٰ ترین حیوان سے مشابہت ہے۔ پھر اس کے بعد ادنیٰ ترین قسم کا حیوان پیدا ہوتا ہے وہ ترقی کرتے کرتے کیا بنتا ہے۔ ابن مسکویہ بیان کرتا ہے اور "اخوان الصفا" میں بھی وہی بیان کیا گیا ہے کہ وہ بندر کی شکل اختیار کر لیتا ہے۔ یہ ڈارون کا بیان نہیں یہ مسلمان حکماء کا بیان ہے۔ پھر اس کے بعد ترقی کرتا ہے تو ادنیٰ قسم کا انسان بنتا ہے۔ وحشی انسان، وہ ترقی کرتے کرتے اعلیٰ

ترین انسان بنتا ہے۔ یہ بشر ولی اور پیغمبر ہوتا ہے، پھر اس سے بھی ترقی کر کے فرشتہ بنتا ہے۔ پھر فرشتوں کے بعد ذات باری تعالیٰ خدا کی ذات ہوتی ہے۔ ہر چیز خدا سے شروع ہو کر پھر خدا ہی کی طرف جاتی ہے۔ والیہ المرجع والماب یہ ہے ہمارے حکماء کا بیان۔ جب یہ چیزیں مسلمان حکماء نے بیان کیں اور ان پر مسلمان فقہاء نے ان کی زندگی میں کبھی کفر کا فتویٰ نہیں دیا تو اس کو اسلام کے خلاف قرار دینا ایک غور طلب بات ہے۔ میں آگے چلتا ہوں قرآن مجید میں آدم علیہ السلام کی پیدائش کے متعلق یہ ضرور بیان کیا گیا ہے کہ اللہ نے انہیں مٹی سے پیدا کیا۔ ہمارا تصور یہ ہے کہ اللہ ایک کمہار کی طرح مٹی کو لیتا ہے اور اس کی مورت بناتا ہے اس کے اندر روح پھونکتا ہے اور حضرت آدم علیہ السلام بن جاتے ہیں۔ ممکن ہے ایسا ہوا ہو میں انکار نہیں کر سکتا لیکن آپ ان آیتوں (۱۸:۳۷، ۲۲:۵، ۳۵:۱۱، ۴۰:۶۷) کو کیا کریں گے جن میں بار بار یہ کہا گیا ہے کہ اللہ نے انسان کو "مٹی سے اور پھر نطفے سے پیدا کیا"۔ ظاہر ہے کہ مٹی سے کبھی نطفہ پیدا نہیں ہوتا۔ حیوان اور انسان سے نطفہ نکلتا ہے۔ اس کے معنی یہ ہوتے ہیں کہ اللہ نے سارے درمیانی مدارج کی تفصیل کو وہاں حذف کر دیا اور کہا کہ مٹی تمہاری اصل ہے اور تمہاری پیدائش کا آخر وسیلہ تمہارے باپ کا نطفہ ہے جو تمہاری ماں کے رحم میں رہتا ہے اور اس طرح تم پیدا ہو جاتے ہو۔ ایک آیت (۷۱:۱۴) کو لیجیے۔ قَدْ خَلَقَكُمْ أَطْوَارًا (خدا نے انسان کو طور بہ بطور پیدا کیا) "طور" وہی لفظ ہے جس سے تطور (Evolution) کا لفظ بنایا گیا ہے۔ خدا نے انسان کو طور بہ طور پیدا کیا، اس کے معنی یہ بھی ہو سکتے ہیں کہ خدا نے انسان کو اولاً جمادات کی شکل میں بنایا، پھر وہ جمادات ترقی کرتے ہوئے نباتات بنتے ہیں، پھر حیوان بنتے ہیں۔ غرض اس میں کوئی تضاد نظر نہیں آتا، شاید آپ کی واقفیت کے لیے ایک چیز عرض کروں کہ آپ کی یونیورسٹی لائبریری میں ایک چھوٹا سا مضمون عربی زبان

میں آپ کو ملے گا جس کا عنوان ہے "خلق الکائنات و تطور الانواع حسب آراء المفکرین المسلمین" اسے آپ دیکھ سکتے ہیں جس میں آپ کو یہ ساری تفصیلیں ملیں گی۔ اس میں بہ کثرت مسلمان عالموں اور صوفیوں کے بیانات کو یکجا کر دیا گیا ہے۔

سوال ۳: کیا اسلام میں روحانیت و مادیت برابر ہیں یا روحانیت زیادہ اور مادیت کم؟ پھر کیا روح کو دلائل سے ثابت کیا جا سکتا ہے؟

جواب: مجھے اس بارے میں ماہر اور متخصص ہونے کا کوئی دعویٰ نہیں۔ لیکن میں کہوں گا کہ انسان جب روح اور جسم دونوں سے بنایا گیا ہے تو ان دونوں پر توجہ کرنے کی ضرورت ہے۔ جسم کے لیے ہم کھاتے ہیں، پیتے ہیں، سوتے ہیں، آرام کرتے ہیں، غرض مختلف کام سرانجام دیتے ہیں۔ ایک ہماری روح بھی ہے اس کے لیے بھی ہمیں کچھ نہ کچھ کرنا ہے تاکہ اس کی زندگی برقرار رہے۔ وہ اسی طرح زندہ رہے جس طرح ہمارا جسم زندہ رہتا ہے۔ لہٰذا قرآن کریم نے اور رسول اللہ ﷺ نے جب ہمیں حکم دیا کہ نماز پڑھو، روزہ رکھو، زکوٰۃ دو، حج کرو تو اس میں ہم دیکھتے ہیں کہ دونوں ہی چیزوں کا ذکر کیا گیا، مادے کا بھی اور روح کا بھی۔ ان میں کیا تناسب ہوگا، میں نہیں جانتا، لیکن میں عرض کروں گا کہ جس طرح چوبیس گھنٹے میں پانچ نمازیں یعنی چوبیس منٹ اپنی روح کے لئے خرچ کرنے کا حکم دیا گیا ہے اور باقی سارا وقت ہمیں دیا گیا ہے جس طرح چاہو، صرف کرو۔ چاہے محض مادیت کے لیے صرف کرو یا مادیت اور روحانیت دونوں کے لیے، یہ انفرادی چیز ہوگی اور اس کے لیے کوئی حکم یا تعین شریعت کی طرف سے نہیں۔ شریعت کا حکم صرف یہ ہے کہ اپنی روحانی زندگی کے لیے روزانہ مثلاً پانچ وقت نمازیں پڑھو اور بعد میں سارا باقی وقت میری مرضی پر چھوڑ دیا گیا ہے۔ میں ہی انتخاب کروں گا کہ مجھے روحانیت پر توجہ کرنی چاہیے یا نہیں کرنی چاہیے۔

سوال ۴: عام طور پر خیال کیا جاتا ہے کہ نفسیات مذہب کی بیخ کنی کرتی ہے، کیا یہ صحیح ہے؟

جواب: میں نہیں جانتا کہ آپ ان دونوں میں تضاد کیوں پاتے ہیں۔ نفسیات کے معنی صرف یہ ہیں کہ انسان خاص کر دوسرا انسان جو کام کرے گا اس کا اندازہ ہم پیش بینی سے کر لیتے ہیں اور اس کے مطابق اس سے نپٹنے کی کوشش کرتے ہیں۔ یہ چیز مجھے اسلام کے خلاف نظر آتی اگر آپ اس کی توضیح کر سکتے کہ کس نقطہ نظر سے آپ اسے اسلام کی بیخ کنی کرنے والا علم کہتے ہیں تو شاید میں کوئی جواب دے سکتا۔

سوال ۵: آپ نے فرمایا کہ جب رسول اللہ ﷺ پر وحی آتی تھی تو آپ کا وزن بڑھ جاتا تھا۔ ایسا تو اکثر ہوتا ہے کہ جب انسان کسی مسئلے پر سوچ رہا ہو تو آس پاس کا علم نہیں ہوتا۔ مگر وزن بڑھنے کی کیا وجہ ہے؟ براہ کرم اس کا جواب ضرور دیں۔

جواب: میں آپ سے عرض کر چکا ہوں کہ وحی کی ماہیت معلوم کرنے کے لیے جن قابل ترین مغربی لوگوں نے کوشش کی انہیں سوائے اس کے کوئی جواب نظر نہیں آیا کہ وحی ایک بیماری ہے لیکن جب بیماری سے اس کو مشابہ قرار دیتے ہیں تو اس کی علامتیں وحی کی صورت میں نظر نہیں آتیں۔ میں نے بتایا تھا کہ حضور ﷺ کا وزن بڑھ جاتا تھا، یہ ایک ایسی حقیقت ہے جس کا تجربہ صحابہ کو ہوا تھا۔ ایسا کیوں ہوتا تھا؟ یہ ہمارے لیے بیان کرنا ناممکن ہے، اس لیے یہ چیز صرف نبی کو پیش آتی ہے۔ ہم آپ کو پیش نہیں آئی۔ اس کی کوئی توجیہ نہیں کر سکتا سوائے اس کے کہ ایک واقعے کا اظہار کروں کہ جب وحی آتی تو رسول اللہ ﷺ کے جسم مبارک میں اتنا وزن ہو جاتا تھا کہ اونٹنی بھی آپ کا وزن برداشت نہیں کر سکتی تھی۔

سوال ۶: آپ نے فرمایا کہ ہندوؤں کے ہاں جنت و دوزخ کا تصور نہیں ملتا تو ان کے

ہاں سرگ اور نرک سے کیا مراد ہے؟ کہا جاتا ہے کہ ہندوؤں کے ہاں تصور یہ ہے کہ عالم ارواح قدیم ہے اور نئی روح پیدا نہیں ہوتی بلکہ وہی ارواح تناسخ یا جونی چکر یا آواگون کے نام سے دوسرے اجسام میں منتقل ہوتی رہتی ہے۔ اس لیے اس عمل کو Transmigration of Soul بھی کہتے ہیں۔ براہ کرم اس کی صحیح حقیقت اور روح کے اسلامی تصور پر روشنی ڈالیے۔

جواب: میں اس کے متعلق صرف اس کے سوا کیا عرض کروں کہ روح کے متعلق جب رسول اللہ ﷺ سے سوال کیا گیا تو رسول اللہ ﷺ جواب نہ دے سکے۔ انتظار کرنے پر وحی آئی (وَيَسْـَٔلُونَكَ عَنِ ٱلرُّوحِ ۖ قُلِ ٱلرُّوحُ مِنْ أَمْرِ رَبِّى)(آپ سے پوچھا جاتا ہے کہ روح کیا ہے؟ کہہ دیجیے کہ وہ اللہ کے حکم سے ہے) اس سے زیادہ تفصیل وہاں نہیں ملتی اور اس کے سوا میں کوئی چیز بیان کرنے کے قابل نہیں ہوں۔ باقی ہندوؤں کے ہاں سرگ اور نرک وغیرہ کے تصورات کی طرف آپ نے جو اشارہ کیا ہے ان کی نوعیت اور تفصیل سے میں ناواقف ہوں۔ میں نے کہا کہ ہندوؤں کے مذہب میں بہت سی چیزیں ملتی ہیں۔ توحید کے تصورات بھی ملتے ہیں، توحید کے خلاف چیزیں بھی ملتی ہیں، چنانچہ سرگ اور نرک کا تصور ایک مخصوص مفہوم رکھتا ہے۔ اس سے مراد مسلمانوں کے ہاں کی ایسی جنت جس میں حوریں بھی ہوں، جس میں کھانے کو پرندوں کا گوشت بھی ملتا ہو، جہاں شراب اور شہد اور دودھ کی نہریں بہتی ہوں، اس طرح کی چیزیں ان کے ہاں نہیں ملتیں۔ یہی حال سزا کے متعلق ان کے تصورات میں ہے جن کو وہ "نرک" کے نام سے ادا کرتے ہیں۔ ظاہر ہے کہ ان کی کیفیت نہ مسلمانوں کو معلوم ہے، نہ عیسائیوں، نہ کبھی تم نے سنا نہ کبھی میں نے ایسی کوئی چیز دیکھی ہے، نہ ان کا تصور تمہارے ذہن میں آ سکتا ہے۔ اس کے سوا کوئی چیز عرض کرنے کا اپنے آپ کو اہل نہیں پاتا۔

سوال ۷: درج ذیل آیت قرآنی میں مسجدوں کے ساتھ یہود و نصاریٰ کی عبادت گاہوں یعنی گرجاگھروں، کلیساؤں اور خانقاہوں کا ذکر بھی ہے، جن میں کثرت سے اللہ تعالیٰ کا نام لیا جاتا ہے۔ براہ کرم وضاحت فرمائیں کہ اللہ تعالیٰ کو غیر مسلموں کی عبادت بھی اسی طرح پسند ہے جس طرح مسلمانوں کی؟

وَلَوْلَا دَفْعُ اللّٰہِ النَّاسَ بَعْضَهُمْ بِبَعْضٍ لَّهُدِّمَتْ صَوَامِعُ وَبِيَعٌ وَّصَلَوٰتٌ وَّمَسَاجِدُ يُذْكَرُ فِيهَا اسْمُ اللّٰہِ كَثِيرًا (۲۲:۴۰)

جواب: یہاں گرائمر کے لحاظ سے ایک سوال پیدا ہوتا ہے کہ آیا "يُذْكَرُ فِيهَا اسْمُ اللّٰہِ كَثِيرًا" (وہاں اللہ کا بہت نام لیا جاتا ہے) اس کا تعلق آخری لفظ سے ہے یا سارے بیان کردہ مقامات سے ہے۔ یہ ایک سوال ہے جس کو میں حل نہیں کر سکوں گا۔ باقی اصل سوال کا جواب میں یہ دوں گا کہ جس زمانے میں حضرت عیسیٰ علیہ السلام نہیں آئے تھے۔ اس وقت حضرت موسیٰ علیہ السلام کا قانون انسانیت کے لیے رائج تھا اور انسانوں کے لیے لازمی تھا کہ یہودیوں کی یعنی حضرت موسیٰ علیہ السلام کی شریعت کے مطابق عمل کریں، اور یہی صحیح عبادت تھی۔ جب حضرت عیسیٰ علیہ السلام آ گئے تو ضروری تھا کہ حضرت عیسیٰ علیہ السلام کی شریعت کے مطابق لوگ عمل کریں، مثلاً گرجاؤں میں عبادت کریں۔ جب محمد ﷺ بھی آ گئے تو اب نہ حضرت موسیٰ علیہ السلام کی شریعت واجب العمل رہی، نہ حضرت عیسیٰ علیہ السلام کی شریعت بلکہ حضرت محمد ﷺ کی شریعت پر عمل کرنے کی ضرورت ہوئی۔ جنہوں نے مسجدوں میں نمازیں پڑھنے کا حکم دیا۔ ان میں آپس میں کوئی تضاد نہیں اور اللہ حکم دیتا ہے کہ نئے نبی ﷺ کے آنے کے بعد سارے لوگ اسے قبول کر لیں لیکن یہ ضرور ہے کہ کچھ قبول کریں گے، کچھ قبول نہیں کریں گے۔ ان میں جنگیں بھی ہوں گی اور خدا کہتا ہے کہ ان جنگوں کے ذریعے سے اگر خدا ایسا نہ کرتا یعنی ایک آدمی دوسرے سے لڑ

کر اپنی اپنی مدافعت کرتا، یا دوسرے کو شکست دے دیتا، ایسا نہ کرتا تو یہ عبادت گاہیں تباہ ہو جاتیں۔ بہت سیدھی سادی بات ہے کہ فرض کیجیے مسلمانوں پر یہودی حملہ کریں اور مسلمان مدافعت نہ کریں تو ظاہر ہے وہ مسلمانوں کی مسجدوں کو تباہ کر دیں گے۔ اسی طرح فرض کیجیے کہ کسی وجہ سے انتقامی یا دفاعی جنگ کے باعث مسلمان یہودیوں سے جنگ کرتے ہیں۔ اگر یہودی اپنا مقابلہ نہ کر سکیں تو ظاہر ہے کہ مسلمان اور چیزوں کے ساتھ شاید ان کی عبادت گاہوں کو بھی ختم کر دیں گے۔ خدا ہی ایک ملت کو دوسری ملت سے جنگی مقابلہ کرنے کی تلقین کرتا ہے۔ اس ذریعے سے دنیا میں انسانوں کی حفاظت کا انتظام ہوا ہے۔ دوسرے الفاظ میں اور چیزوں کی طرح تقدیر یہاں بھی کام کرتی ہے اور یہی تقدیر ہر انسان کو اجازت بھی دیتی ہے کہ اپنے وطن کی حفاظت کی خاطر مقابلہ کرے، چنانچہ مسلمانوں کو اجازت ہے کہ اگر کوئی اس پر حملہ کرتا ہے تو اس سے جنگ کرے، اس کو قتل بھی کرے، اس کو اسیر بھی کرے، اس کو لوٹ بھی لے اور اس طرح خدا کے نام کا بول بالا کرنے کی کوشش کرے۔ یہ جنگ اپنی ذات کے لیے نہیں ہوگی بلکہ اس آیت کے مطابق (وَقَاتِلُوا فِي سَبِيلِ اللَّهِ الَّذِينَ يُقَاتِلُونَكُمْ وَلَا تَعْتَدُوا ۚ إِنَّ اللَّهَ لَا يُحِبُّ الْمُعْتَدِينَ) (۲:۱۹۰) جنگ اللہ کی راہ میں کرو۔ یہ نہیں کہ اپنے لیے۔ "قَاتِلُوا فِي سَبِيلِ اللَّهِ" کن لوگوں سے جنگ کرو؟ "الَّذِينَ يُقَاتِلُونَكُمْ" جو تم سے جنگ کرتے ہیں لیکن اس جنگ کے باوجود تعدی نہ کرو اور یہ بھی کہ تعدی کرنے والوں کو اللہ پسند نہیں کرتا۔ مسلمانوں کو بھی تنبیہ کر دی گئی ہے کہ کبھی یہ نہ سمجھ لینا کہ آخری دین کامل ہونے کے باعث تمہیں کوئی خصوصیت حاصل ہو گئی ہے۔ تمہیں دراز دستی کی ہرگز اجازت نہیں۔ فی امان اللہ!!

خطبہ نمبر ۷

صدر محترم! محترم وائس چانسلر صاحب! محترم اساتذہ کرام! محترم مہمانان!

السلام علیکم ورحمۃ اللہ وبرکاتہ!

قرآن مجید کے مطابق، مذہب اسلام کی امتیازی خصوصیت یہ ہے کہ جسے اس آیت کریمہ (۲:۲۰۱) میں بیان کیا گیا ہے (رَبَّنَا آتِنَا فِی الدُّنْیَا حَسَنَۃً وَفِی الآخِرَۃِ حَسَنَۃً) یعنی اسلام دین و دنیا دونوں جہانوں کی بھلائی چاہتا ہے، دونوں عالم کے لیے کوشش کرنے کی اجازت دیتا ہے اور دونوں جہانوں میں کامیاب بننے کا راستہ بتاتا ہے۔ دین اسلام میں جہاں ایک طرف نماز، روزہ اور حج جیسی روحانی چیزوں کا ذکر ہے، وہاں زکوٰۃ کا ذکر بھی ہے، جو ایک مالی مسئلہ ہے لیکن اسے رکن ایمان اور رکن دین بنایا گیا ہے۔ آج میرے پیش نظر صرف یہ بتانا ہے کہ کن حالات میں پیغمبر اسلام ﷺ کو اس بات پر مجبور ہونا پڑا کہ ایک حکومت قائم فرمائیں۔ حکومت کی اقامت پر مجبور ہونے کا لفظ میں اس لیے استعمال کر رہا ہوں کہ نبی دنیا اور دنیوی اقتدار کا طالب نہیں ہوتا۔ اس کے باوجود پیغمبر اسلام ﷺ ایک مملکت قائم کرتے ہیں اور اس مملکت کے حاکم اعلیٰ کی حیثیت سے حکمرانی بھی فرماتے ہیں۔ یہ کن حالات میں ہوا اور کس طرح یہ مشکل کام انجام پایا؟ اور پھر اس مملکت میں، جس کا وجود ہی نہ تھا، ہر چیز کا نظم ونسق آپ ﷺ نے قائم کر دیا اور ایسا نظم ونسق چھوڑا کہ وہ آپ کے بعد صدیوں تک چلتا رہا اور نسل آدم آنحضرت ﷺ کے نظام جہاں بانی سے فائدہ اٹھاتی آ رہی ہے۔ بہر حال قبل اس کے اسلامی مملکت کے متعلق کچھ عرض کروں، غالباً بے محل نہ ہوگا کہ جزیرہ نمائے عرب میں رسول پاک ﷺ سے

پہلے مملکت کی کیا صورت حال پائی جاتی تھی، اس کی طرف کچھ مختصراً اشارہ کروں۔

یہ حیرت انگیز بات ہے کہ شہر روما ہی نہیں، بلکہ ایتھنز شہر کے وجود میں آنے سے بھی پہلے جنوبی عرب خصوصاً یمن میں ایک مملکت پائی جاتی تھی۔ دوسرے لفظوں میں عرب کا تمدن یورپ کے قدیم تمدنوں سے بھی زیادہ قدیم ہے۔ جو مملکتیں یمن میں قائم کی گئی ہیں، ان کا نظم و نسق اچھا خاصا ترقی یافتہ نظر آتا ہے۔ یمن کے آثار قدیمہ اور وہاں کے کتبوں سے جو معلومات حاصل کی گئی ہیں، ان سے یہ ظاہر ہوتا ہے کہ عربوں کو امور حکمرانی اور رعایا کے فلاح و بہبود کے انتظامات سے بہت دلچسپی رہی اور وہاں ایسے کارنامے وجود میں آئے کہ آج ہمیں حیرت ہوتی ہے کہ ایک چھوٹے سے صحرائی ملک میں یہ کام کیسے انجام پائے؟ مثال کے طور پر قرآن مجید کی تلاوت کرنے والا ہر شخص جانتا ہے کہ وہاں ایک مرتبہ "سیل العرم" کے سانحہ کا ذکر ہے، جو یمن میں رونما ہوا تھا۔ ایک مقام پر دریا میں بند باندھ کر ایک بہت بڑا تالاب بنایا گیا تھا۔ بند ٹوٹ جانے سے زبردست سیلاب آیا اور بہت نقصان ہوا تھا۔ وہاں کی رعایا کو ترک وطن کر کے دیگر علاقوں میں بسنے پر مجبور ہونا پڑا۔ وہ تالاب جو آج بھی یمن میں موجود ہے، اپنی اس شکست حالت میں بھی اتنا عظیم الشان ہے کہ اس کی مرمت کے لیے کئی ارب روپے درکار ہیں۔ یہ اس زمانے کا ذکر ہے جب قدیم یونان کا مشہور شہر ایتھنز بھی وجود میں نہیں آیا تھا۔ بہر حال عرض کرنا یہ ہے کہ یمن میں ملکہ بلقیس کی حکمرانی تھی جو حضرت سلیمانؑ کی ہم عصر تھی۔ اس کے بعد عرصہ دراز تک مختلف حکمران وہاں حکومت کرتے رہے اور وہاں کی فطری زرخیزی اور مختلف قیمتی پیداواروں کی وجہ سے اس ملک پر ایشیا، یورپ اور افریقہ، غرضیکہ ہر طرف سے حملے بھی ہوتے رہے۔ چنانچہ یونانیوں نے بھی یمن پر حملہ کیا اور ان کے یونانی کتبے آج تک یمن میں بعض مقامات پر ہمیں ملتے ہیں۔ عہد نبویؐ سے

پہلے حبشہ کے بادشاہ نے وہاں کے حکمرانوں کو شکست دے کر یمن پر قبضہ کر لیا۔ کہتے ہیں کہ وہاں جو عیسائی حبشی بادشاہ تھا، اس نے اپنے پایۂ تخت صنعاء میں ایک عظیم الشان گرجا بھی بنایا تھا۔ اسے جلن یہ ہوئی تھی کہ لوگ صحرا کے بے آب و گیاہ شہر مکہ میں حج کے لیے کیوں جاتے ہیں؟ چنانچہ اس بادشاہ نے ایک فوج تیار کرائی اور کعبہ کو ڈھانے کے عزم سے مکہ کی طرف روانہ ہوا۔ قرآن مجید کے "سورۂ فیل" (۱۰۵) میں اسی کا ذکر ہے۔ ہمارے مورخ لکھتے ہیں کہ جس سال اصحاب الفیل کا مکہ پر حملہ ہوا اسی سال رسول اکرم ﷺ کی ولادت ہوئی تھی۔ ایسا معلوم ہوتا تھا کہ یہ حملہ یمن کے مقامی لوگوں کی مرضی کے خلاف ہوا تھا۔ یمن میں حبشیوں کی حکومت تھی جو اجنبی لوگ تھے۔ چنانچہ مقامی یمنی باشندوں نے حبشیوں کے تسلط سے آزاد ہونے کے لیے ایک قومی تحریک شروع کی اور اس مقصد کی تکمیل کے لیے یمن کے سردار ایران گئے، اور ایران کے بادشاہ سے مدد کی درخواست کی۔ اس روایت کے دلچسپ الفاظ یہ ہیں کہ ایک سردار نے کسریٰ سے کہا کہ ہمارے ملک پر کوؤں نے قبضہ کر لیا ہے، آپ ہمیں مدد دیجیے۔ اس نے پوچھا کون سے کوے؟ ہندوستان کے کوے یا افریقہ کے؟ کسریٰ نے خیال کیا کہ عرصے سے جو تمنا تھی کہ میں یمن پر قبضہ کروں، اب یہ موقع ہاتھ آیا ہے، اس سے فائدہ اٹھانا چاہیے۔ لہٰذا اس نے فوج سے مدد کی، جنگ میں حبشیوں کو شکست دی اور اس علاقے پر ایرانیوں کے ماتحت مقامی سردار کی سربراہی میں حکومت قائم ہوئی۔ اس زمانے میں مکہ سے عبدالمطلب یمن جاتے ہیں اور اس حکمران کو اپنی طرف سے اور اپنے ملک کی طرف سے مبارکباد پیش کرتے ہیں۔ اس کی تفصیل ہمیں ملتی ہے جس سے معلوم ہوتا ہے کہ یمن اور مکہ کے تعلقات بہت قریبی تھے۔

یمن میں یمنی حکمران برائے نام حاکم تھا۔ جلد ہی ایرانیوں نے اپنے قبضے اور اپنی

فوج کی موجودگی سے بے جا فائدہ اٹھا کر اسے بے دخل کر دیا اور خود ہی وہاں حکومت کرنے لگے۔ عہد نبویؐ کے دورِ آخر میں جب یمن میں اسلام کی اشاعت ہوئی تو اس زمانے میں ایران میں ایرانی حکومت ضعف وانحطاط کا شکار ہو چکی تھی۔ اس صورتحال سے فائدہ اٹھا کر یمنیوں نے ایران کے خلاف بغاوت کی۔ اس وقت یمن کا جو ایرانی گورنر تھا، اس نے اسلام قبول کر لیا۔ اس طرح اس نے اپنے آپ کو اور اپنے ہم نسل ایرانی ساتھیوں کو، جو یمن میں تھے، بچانے کی کوشش کی، جس سے یمن میں ایک انٹرنیشنل پیچیدگی پیدا ہو گئی۔ اس پہلو پر بحث کا موقع نہیں۔ خلاصہ یہ ہے کہ عرب میں قدیم ترین حکومتیں ہمیں یمن میں نظر آتی ہیں اور صرف وہیں نہیں اور مقامات پر بھی حکومتوں کا پتہ چلتا ہے۔

اب میں مکے کی طرف آتا ہوں کیونکہ یہاں پر رسول اکرم ﷺ کی ولادت ہوئی۔ ہم اولاً یہ معلوم کریں گے کہ وہاں کوئی حکومت تھی یا نہیں؟ اگر تھی تو کس قسم کی حکومت تھی؟ مکہ کے متعلق آپ سب اچھی طرح واقف ہیں کہ حضرت ابراہیمؑ نے اس شہر کی بنا ڈالی تھی۔ حضرت ابراہیمؑ کو جب اللہ نے حکم دیا کہ اپنے بیٹے حضرت اسمٰعیلؑ اور ان کی ماں حضرت ہاجرہ رضی اللہ عنہا کو فلسطین سے لا کر اس بے آب وگیاہ میدان میں چھوڑ دیں تب وہاں کوئی آبادی نہیں تھی۔ حضرت ابراہیمؑ واپس چلے جاتے ہیں۔ ان کے جانے کے بعد حضرت اسمٰعیل کو پیاس محسوس ہوتی ہے۔ جہاں وہ پیاس کی شدت سے ایڑیاں رگڑ رہے تھے وہیں زمزم کا چشمہ ابل پڑتا ہے۔ اتفاق سے ایک قافلہ ادھر سے گزر رہا تھا۔ پانی کے آثار دیکھ کر قافلے والے وہاں ٹھہر جاتے ہیں۔ پھر وہاں پانی کی کثرت کی خبر سن کر اور لوگ بھی آ کر بسنے لگتے ہیں۔ رفتہ رفتہ آبادی بڑھنے لگتی ہے۔ حضرت اسمٰعیل علیہ السلام اپنی ماں کے ساتھ وہیں رہتے ہیں۔ کچھ عرصے بعد ان کی شادی مقامی عرب قبیلے کے ایک گھرانے سے ہوتی ہے اور اس قبیلے کی آبادی مکے میں پھیلتی جاتی ہے۔

اس سلسلے میں اب تک ایک اہم واقعہ، یعنی کعبے کی از سر نو تعمیر کا ذکر کرنا ہے۔ اسلامی روایت کے مطابق جب حضرت آدم علیہ السلام دنیا میں آئے اور جنت کی جگہ زمین پر رہنے لگے تو یہاں ان کو ایک طرح کی کمی محسوس ہوئی۔ وہ جنت میں دیکھتے تھے کہ فرشتے خدا کی عبادت کے لیے بیت المعمور کے اطراف طواف کرتے ہیں، زمین پر کوئی عبادت گاہ موجود نہیں تھی۔ انہوں نے اللہ سے دعا کی کہ مجھے عبادت گاہ کی نعمت سے محروم نہ رکھا جائے۔ چنانچہ اللہ نے فرشتوں کو آدم علیہ السلام کے لیے مامور کیا کہ زمین پر بھی بیت المعمور کی طرح عبادت گاہ تعمیر کی جائے۔ فرشتوں نے زمین پر بھی بیت المعمور کے عین نیچے ایک مقام کا انتخاب کیا اور وہاں کعبہ کی تعمیر کی۔ حدیث میں علامتی طور پر (symbolically) یہ الفاظ ہیں کہ اگر بیت المعمور سے کوئی پتھر پھینکا جائے تو سیدھے کعبے کی چھت پر گرے گا۔ یہ کعبہ جو حضرت آدم علیہ السلام کے لیے بنایا گیا وہ زمین پر حضرت نوح علیہ السلام کے طوفان کے زمانے تک قائم رہا۔ طوفان کے بعد اس کے کوئی آثار باقی نہیں رہے۔ ضرت نوح علیہ السلام کے زمانے میں اس کی تعمیر جدید کا کوئی پتہ نہیں چلتا لیکن ان کے بعد جو بڑے پیغمبر آئے وہ حضرت ابراہیم علیہ السلام تھے۔ اللہ نے انہیں حکم دیا کہ کعبہ کو از سر نو تعمیر کریں۔ انہوں نے آمنا و صدقنا، سر آنکھوں پر، لیکن مجھے معلوم نہیں کہ پہلا کعبہ کس مقام پر واقع تھا؟ اللہ نے کہا دیکھو، تمہارے سامنے بادل کا جو ٹکڑا اس وقت حرکت کرتا ہے، تم اس کے سائے کے پیچھے پیچھے چلو اور جس مقام پر سایہ رک جائے گا، وہی مقام ہے جہاں کعبہ تھا۔ حضرت ابراہیم علیہ السلام اس سائے کے پیچھے چلتے گئے۔ بالآخر وہ اس مقام پر پہنچے جہاں اب کعبہ ہے اور یہاں بادل نے حرکت ختم کر دی۔ حضرت ابراہیم علیہ السلام نے اس سائے کے طول و عرض پر نشان لگائے اور یہ تھا کعبہ کا خاکہ۔ انہوں نے وہاں تھوڑی سی کھدائی کی تو پرانی بنیاد کے آثار وہاں موجود

ہیں۔ اسی بنیاد پر انہوں نے نئی عمارت کی تعمیر شروع کر دی۔ اس وقت ان کے بیٹے اسمعیل علیہ السلام بھی بڑے ہو چکے تھے۔ چنانچہ اپنے بیٹے کی مدد سے انہوں نے وہاں چار دیواروں سے گھیر کر ایک بہت ہی سادہ قسم کی عمارت بنائی۔ جب وہ دیواریں قد سے بھی اونچی ہونے لگیں تو اس وقت انہیں ضرورت پیش آئی کہ دیواروں کو مزید بلند کرنے کے لیے کوئی سہارا لیا جائے۔ چنانچہ وہ ایک پتھر پر کھڑے ہو کر کعبہ کی تعمیر کرنے لگے۔ یہ پتھر "مقام ابراہیم" کے نام سے آج بھی موجود ہے۔ ایک زمانے میں وہ کعبہ کے عین سامنے دیوار کے پاس تھا، جہاں کھڑے ہو کر حضرت ابراہیم علیہ السلام عمارت بناتے تھے۔ اسلامی مورخ بیان کرتے ہیں کہ ایک مرتبہ طغیانی آئی تو یہ پتھر بہہ گیا اور بہت مشکل سے دستیاب ہوا۔ تب اس کو پرانے مقام پر رکھنے کے بجائے کعبہ کے اندر رکھ دیا گیا۔ پھر کچھ زمانے کے بعد اس کو نکالا گیا اور ایک دوسرے مقام پر رکھ دیا گیا اور اب سعودی دور میں تازہ ترین صورتحال یہ ہے کہ کعبے کے سامنے اس کو ایک کانچ کے صندوق کے اندر بند کر کے رکھ دیا گیا ہے۔ بہر حال حضرت ابراہیم علیہ السلام نے ایک عبادت گاہ تعمیر کی اور اس کو خدائے واحد کا مکان (بیت اللہ) قرار دیا۔ بائبل میں حضرت ابراہیم علیہ السلام کا جو قصہ بیان کیا گیا ہے اس میں لکھا ہے کہ جب وہ عراق سے ترک وطن کر کے فلسطین آئے تو انہوں نے مختلف مقامات پر "بیت ایل" تعمیر کیے۔ "بیت" وہی لفظ ہے جو عربی میں ہے اور "ایل" کے معنی ہیں "اللہ کا گھر۔ بائبل کے مطابق انہوں نے فلسطین کے بہت سے مقامات پر اللہ کی عبادت گاہیں تعمیر کیں اور مقامی باشندوں کو بتایا کہ اپنے پروردگار اور خالق کی کس طرح عبادت کریں۔

یہ مقام حیرت نہیں کہ جب ابراہیم علیہ السلام اپنے اکلوتے بیٹے کے ساتھ عرب میں آئے تو مکہ میں اس بچے اور اس کی اولاد کے لیے اور دوسرے رشتہ داروں کے لیے

بھی انہوں نے ایک "بیت ایل" یا بیت اللہ تعمیر کیا جو اب تک چلا آتا ہے۔ قرآن مجید (اِنَّ اَوَّلَ بَیتٍ وُّضِعَ لِلنَّاسِ لَلَّذِی بِبَکَّۃَ مُبَارَکًا وَّھُدًی لِّلعَالَمِینَ ۹۶:۳) میں ذکر ہے کہ کعبہ دنیا میں وہ قدیم ترین عبادت گاہ ہے جو اللہ کے لیے تعمیر کی گئی ہے۔ اگر ہم یہ بیان ان معنوں میں لیں کہ وہ قدیم ترین گھر جو اب تک دنیا میں موجود ہے تو اس میں کسی کو کوئی اعتراض نہیں ہوگا لیکن اگر یہ کہیں کہ سب سے پہلے جو گھر تعمیر کیا گیا وہ کعبہ ہے تو اس لحاظ سے اعتراض ہوگا کہ آخر اور بھی تو پیغمبر دنیا میں آچکے ہیں۔ حضرت ابراہیم علیہ السلام سے پہلے حضرت نوح علیہ السلام اور حضرت ادریس علیہ السلام وغیرہ ہوئے ہیں ان کے زمانے میں بھی اللہ کی عبادت و اطاعت ہوتی تھی اور ان کے ہاں بھی کوئی عبادت گاہ ہوگی جو کعبہ سے پہلے ہوگی اس لیے اگر ہم کعبہ کا بانی حضرت ابراہیم علیہ السلام کو قرار نہ دیں بلکہ اس سے پہلے یعنی حضرت آدم علیہ السلام کی بنائی ہوئی عبادت گاہ قرار دیں تو پھر قرآن کے بیان میں کسی کو اعتراض نہیں ہوگا۔ صرف میں یہ کہنا چاہتا ہوں کہ حضرت ابراہیم علیہ السلام نے جو مکان بنایا، اس پر یہودیوں اور عیسائیوں کو اعتراض نہیں ہونا چاہیے اس لیے کہ خود تسلیم کرتے ہیں کہ حضرت ابراہیم علیہ السلام نے اور بھی مقامات پر "بیت ایل" بنائے تھے۔ جب اور بھی گھر بنائے تھے تو حجاز میں بنانے پر کیوں اعتراض کیا جائے؟ بہر حال بیت اللہ کا حج جو حضرت ابراہیم علیہ السلام نے معین کیا تھا، اس کا سلسلہ کافی عرصہ تک جاری رہا اور اس کے نگراں پہلے حضرت اسمٰعیل علیہ السلام تھے اور اس کے بعد ان کی اولاد اس کی متولی رہی۔ بعد میں جنگیں ہوئیں اور بیرونی لوگ مکہ پر آکر قابض ہوتے رہے ہیں۔ یہ ایک طویل قصہ ہے جس میں اس وقت بیان نہیں کر سکتا۔ کہنا یہ ہے کہ جس زمانے میں آنحضرت ﷺ پیدا ہوئے اس وقت مکہ کی چند خصوصیتیں ہمیں حیرت انگیز نظر آتی ہیں، وہ یہ کہ مکہ نہ صرف بہت مالدار اور تجارتی شہر

تھا بلکہ ساتھ ساتھ اس کے نظم و نسق کے لیے ایک حکومت بھی پائی جاتی تھی۔ جس میں بارہ وزیر ہوا کرتے تھے۔ یہ چیزیں ایسی ہیں جن پر ہمیں حیرت ہوتی ہے۔ میں اس کا حال مختصر طور پر آپ سے بیان کروں گا۔ جہاں تک تجارت کا تعلق ہے وہ آنحضرت ﷺ کی ولادت سے بہت پہلے نسل ہا نسل کے انتظامات کا نتیجہ تھی قرآن مجید کی "سورۂ قریش" (۱۰۶) سے آپ واقف ہیں جس میں مکے والوں کو یاد دلایا گیا ہے کہ اللہ ہی نے تمہیں سردی اور گرمی کے سفر کے ذریعے مال بھی دیا اور خوف سے بھی تم کو بچالیا لہذا اس اللہ کا تمہیں شکر گزار ہونا چاہیے۔

جغرافیائی نقطہ نگاہ سے مکہ ایک اہم مقام تھا کہ عرب کے شمال اور جنوب کے لوگ جب تجارت کے لیے جاتے تھے تو انہیں مکہ سے گزرنا پڑتا تھا۔ کہتے ہیں کہ یورپ کی تجارت ہندوستان سے مکہ کے راستے ہوا کرتی تھی۔ اس سے آپ کو اندازہ ہو گا کہ مکہ کی جغرافیائی اہمیت کیا تھی۔ اس زمانے میں تجارتی قافلوں اور کاروانوں کے لیے ضروری تھا کہ وہ غذا، پانی اور ٹھہرنے کی جگہ کا بندوبست کریں۔ مکہ میں جو زمزم کا چشمہ یا کنواں تھا وہ ایسی چیز تھی کہ اسے کسی طرح نظر انداز نہیں کیا جا سکتا تھا۔ لہذا تمام قافلے وہاں سے گزرا کرتے تھے۔ مکے کی اس تجارتی حیثیت کو اور بھی مستحکم کرنے کے لیے آنحضرت ﷺ کے ایک جد امجد عبد مناف قصی نے ایک مرتبہ اپنے بیٹوں میں سے ایک کو قیصر کے پاس بھیجا، دوسرے کو کسریٰ کے پاس بھیجا، تیسرے کو نجاشی کے پاس اور چوتھے کو یمن کے حکمرانوں کے پاس بھیجا اور ان سے ایلاف یعنی معاہدہ یہ کیا کہ ہمیں اس بات کی اجازت ہو کہ ہم تجارتی قافلے تمہارے ملک میں لائیں، اپنا مال وہاں فروخت کریں اور تمہارے ملک کی پیداوار خرید کر اپنے ملک کو لے جائیں۔ اس تجارتی معاہدے کو ان حکمرانوں نے بھی پسند کیا اور قبول کر لیا۔ اس کے متعلق ہمارے پاس تفصیلی

معلومات ہیں اس وقت میں ان کو بیان نہیں کروں گا کہ اس پر میرا ایک مضمون البلاغ کراچی (جون ۱۹۶۸ء) میں چھپ چکا ہے۔

مکے والوں نے یہ سوچا کہ ممکن ہے لٹیرے بدوؤں کے قبیلے تجارتی قافلوں کو اپنے علاقوں سے گزرتے دیکھ کر چھاپہ ماریں اور انہیں لوٹ لیں، اس لیے مکے کی زیارت گاہ اور مال تجارت کی حفاظت کا کچھ نہ کچھ انتظام کیا جائے۔ چنانچہ مکے کے افسروں نے ان تمام قبائل کے سرداروں سے جو کاروان تجارت کے راستوں میں پڑتے تھے، گفتگو کی اور ان سے کہا کہ ان تجارتی قافلوں سے ہمیں جو منفعت ہوگی اس میں سے کچھ حصہ تمہیں بھی دیا جائے گا۔ اس لالچ میں انہوں نے قبول کیا کہ ہم تمہارے کاروانوں پر حملہ نہیں کریں گے۔ اس سلسلے میں یہ بھی بیان کیا گیا ہے کہ مکی سرداروں نے کہا کہ اگر تمہارے پاس کچھ فروخت کرنے کا سامان ہو، مثلاً بھیڑ، بکریوں کے چمڑے یا زیتون کا تیل وغیرہ، تو وہ ہمیں دے دو، ہم اسے فروخت کریں اور قیمت اور پورا منافع غیر کسی معاوضے کے تمہیں پہنچا دیا کریں گے۔ غرض ان قبائلی سرداروں سے معاشی معاہدوں اور ہر طرف سے انتظامات کے باعث مکہ معظمہ عرب کا سب سے بڑا تجارتی مرکز اور انتہائی مال دار شہر بن گیا تھا۔ اس کی دولت مندی کا اس سے اندازہ لگایئے کہ ہجرت مدینہ کے بعد کے ابتدائی زمانے میں ایک اسلامی دستے نے ایک بار مشرکین کے ایک کارواں پر چھاپہ مارا تھا اور اس میں جو مال غنیمت ملا، اس کی مالیت ایک لاکھ درہم تھی۔ اس زمانے میں ایک لاکھ درہم کی قیمت کل کروڑوں کے برابر تھی۔ یہ صرف ایک کارواں کا سرمایہ تھا، اس سے ہم قریش کی دولت کا اندازہ لگا سکتے ہیں۔ چونکہ قریش کاروانی راستوں کے قبیلوں سے دوستی اور حلیفی کر چکے تھے، اس سے وہ مزید فائدہ یوں اٹھانے گے کہ اگر کسی اور قبیلے کا کارواں سفر پر جانا چاہتا تو ایک قریشی شخص، معاوضہ لے کر، اس میں شریک ہو جاتا۔ اس سے

نقارہ یا بدرقہ کہتے اور اس کی وجہ سے قریش کا کوئی حلیف قبیلہ اس کارواں کو بھی نہ چھیڑتا۔

جہاں تک سیاسی نظم و نسق کا تعلق ہے، شہر مکہ میں ایک شہری مملکت تھی، جس کا رقبہ (حدود حرم کی اساس پر) تقریباً ایک سو تیس مربع میل تھا۔ وہاں بادشاہت کی جگہ ایک طرح کی جماعتی گورنمنٹ تھی۔ یعنی ایک مجلس وزراء اس کے انتظام کی ذمہ دار تھی۔ اس کی تفصیلیں بھی ہمیں ملتی ہیں۔ نہایت ہی مختصراً ذکر کروں گا کہ اس میں دیوانی مقدمات اور فوجداری مقدمات کے لیے الگ الگ وزیر تھے، کعبہ کے انتظام کے لیے، یعنی دروازہ کھولنے اور بند کرنے کے لیے ایک وزیر تھا، اس طرح وہاں غیب دانی کے لیے یعنی یہ معلوم کرنے کے لیے کہ کوئی کام ہمیں کرنا چاہیے یا نہیں کرنا چاہیے، ان کے پاس تیر ہوا کرتے تھے جن سے وہ فال نکالا کرتے تھے۔ ان تیروں کی نگرانی کرنے والا ایک وزیر ہوا کرتا تھا۔ اسی طرح کعبے میں باہر سے آنے والے زائرین چڑھاوے چڑھایا کرتے تھے، ان چڑھاووں کی حفاظت کے لیے ایک اور وزیر مقرر تھا۔ اسی طرح ٹیکسیشن کے لیے بھی ایک وزیر تھا۔ یعنی شہر مکہ کے باشندے ہر سال اپنے افسر متعلقہ کو کچھ رقم بطور ٹیکس دیتے تھے جس کا اولاً مقصد یہ بیان کیا گیا تھا کہ اگر کوئی حاجی کسی وجہ سے مکہ میں اپنے آپ کو بے بس پائے یا اس کے پاس پیسے بالکل نہ رہیں، یا اس کی سواری کا اونٹ مر جائے تو ایسے مجبور لوگوں کی مدد کے لیے اور حج کے زمانے میں باہر سے آنے والوں کی ضیافت اور مہمانداری پر خرچ کرنے کی غرض سے ایک ٹیکس لیا جاتا تھا جس کا انتظام، ظاہر ہے کہ ایک خصوصی وزیر کے سپرد ہوتا تھا۔ اس کے علاوہ کچھ اور وزارتیں بھی تھیں۔

چنانچہ ایک اور ادارہ دار الندوہ تھا یعنی پارلیمنٹ۔ جب کبھی کوئی مشکل مسئلہ پیدا

ہوتا تھا، مثلاً کسی دشمن کے حملے کا خطرہ یا کوئی اور معاملہ درپیش ہوتا تو سارے معمر باشندوں سے گفتگو ہوتی تھی۔ لکھا ہے کہ ہر شخص، جس کی عمر چالیس سال ہوتی، وہ خود بخود اس مجلس مشاورت یا اس پارلیمنٹ کا رکن بن جاتا۔ تاریخ بتاتی ہے کہ دو آدمیوں کو اس سے مستثنیٰ کر دیا گیا تھا یعنی ان کو چالیس کی عمر کی حد تک پہنچنے سے پہلے ہی اس کا رکن بنا لیا گیا تھا۔ ان میں ایک ہمارے "دوست" ابوجہل صاحب بھی تھے۔ ان کی فراست اور عقلمندی کا بڑا چرچا تھا۔ چنانچہ ان کو نوجوانی میں ہی اس کا رکن بنا دیا گیا تھا۔ اسی طرح ایک اور شخص کا بھی ذکر آتا ہے۔ سب سے عجیب وغریب جو بات ہمیں نظر آتی ہے، وہ وزارت خارجہ کا عہدہ ہے۔ وزارت خارجہ کا دائرہ کار یہ بیان کیا جاتا ہے کہ جب کبھی کسی بیرونی قبیلے سے گفتگو کی ضرورت پیش آتی، کسی جھگڑے کا تصفیہ اور مصالحت کرانی ہوتی یا دشمن کے مطالبات کو نہ ماننے کی صورت میں اعلان جنگ کرنا پڑتا یا کوئی قبیلہ قریش کی برتری اور فضیلت پر اعتراض کرتا تو اس کو جاب دینے اور قریش کی خوبیاں، اور اعتراض کرنے والے قبیلے کی برائیاں بیان کرنا ہوتا، تو ایسے تمام خارجہ معاملات کے انتظام وانصرام کے لیے بھی ایک عہدہ دار پایا جاتا تھا۔ یہ تمام وزراء عہد نبوی تک پائے جاتے تھے، ان میں سے اکثر نام بہت مشہور ومعروف ہیں مثلاً دیوانی مقدمات حضرت ابوبکرؓ کے سپرد تھے، وزارت خارجہ کا منصب حضرت عمرؓ کے سپرد تھا۔ اسی طرح فوج میں دو جھنڈے ہوتے تھے، ایک کو لواء اور دوسرے کو رایہ کہتے تھے۔ ان کے فرق سے میں یہاں بحث نہ کروں گا۔ ایسا ایک جھنڈا حضرت مصعب بن عمیر العبدری کے پاس رہتا تھا اور دوسرا جھنڈا حضرت ابوسفیان کے سپرد تھا۔ یہ تمام نام سیرت النبی اور تاریخ اسلام میں آتے ہیں۔ یہ اسلام سے پہلے کی مشہور شخصیتیں تھیں اور مکے کی حکومت میں ان کو خاصا مقام حاصل تھا۔ دوسرے لفظوں میں شہر مکہ میں ایک

مملکت پائی جاتی تھی اور یہ مملکت ایک شہری مملکت تھی۔ اس کا انتظام بجائے ایک فرد کے ہاتھ میں ہونے کے ایک نمائندہ جماعت کے سپرد کیا گیا تھا۔ جس کا ہر فرد وراثتی اصول پر ہمیشہ ایک ہی قبیلے سے ہوا کرتا تھا۔ یہ ہے مختصر خلاصہ اس سیاسی نظام کا جو پیغمبر اسلام ﷺ کی ولادت کے وقت شہر مکہ میں پایا جاتا تھا۔

حضور ﷺ کی ولادت سن ۵۶۹ عیسوی میں ہوتی ہے۔ ابتدائی چالیس سال تک وہ اس شہر کے معمولی باشندے رہے۔ کوئی ایسی بات ہمیں نظر نہیں آتی جو قابل ذکر ہو، بجز اس کے کہ اور قبیلوں کی طرح رسول اکرم ﷺ کے خاندان بنو ہاشم کا بھی ایک فرد اس نظام حکومت میں شامل تھا یعنی ایک وزارت اس خاندان کے سپرد تھی۔ وہ وزارت زمزم کے کنویں کے انتظام کے متعلق تھی۔ اس میں منفعت بھی تھی۔ اگرچہ ہمیں صراحت سے معلوم نہیں لیکن اور مقاموں، مثلاً شام وغیرہ میں، اس کا پتہ چلتا ہے کہ عبادت گاہ کے کنویں کا پانی حاجیوں کو دیا جائے تو انعام یا ٹیکس کے طور پر اس پانی دینے والے کو لوگ اپنی طرف سے رقم دیا کرتے تھے۔ اگر مکے میں بھی ایسا ہوتا تو ظاہر ہے کہ اس سے کافی منفعت ہوتی ہو گی۔ یہ قدیم کنواں چونکہ بڑی مدت غائب رہنے کے بعد عبد المطلب نے دریافت کیا تھا، اس لیے انہیں کی نگرانی میں رہا اور غالباً ان کی خاطر شہری مملکت کے نظام میں ایک نئی وزارت کا اضافہ کر دیا گیا۔ عبد المطلب کی وفات کے بعد یہ انتظام ان کے بیٹے ابو طالب نے سنبھالا۔ ابو طالب بہت فراخ دل تھے لیکن ان کی مالی حالت خراب تھی اور اکثر قرض لینے پر مجبور ہو جاتے تھے۔ چنانچہ لکھا ہے کہ انہوں نے ایک مرتبہ اپنے بھائی حضرت عباسؓ سے کچھ رقم قرض لی اور کہا کہ ایک سال بعد ادا کر دوں گا۔ ایک سال بعد آپ رقم ادا نہ کر سکے تو حضرت عباسؓ نے کہا اگر تم مزید مہلت چاہتے ہو تو میں اس شرط پر آمادہ ہوں کہ زمزم کی نگرانی مجھے دے دی جائے۔ اس طرح

چاہ زمزم ابو طالب کی جگہ حضرت عباسؓ کے قبضے میں آیا اور رسول اللہ ﷺ کے عہد میں فتح مکہ کے وقت بھی وہی اس کے مالک تھے اور اس کی رسول اللہ ﷺ نے توثیق بھی کی۔ غرض یہ کہ بنی ہاشم کو بھی مکہ شہر کے انتظام میں دستوری طور پر ایک مقام حاصل تھا۔ بعد کے زمانے میں جب اسلام کا آغاز ہوا تو یہ سوال پیدا ہوتا ہے کہ مسلمانوں نے نظم و نسق میں کیا حصہ لیا اور مکہ شہر میں ان کی حیثیت کیا تھی؟ اس سلسلے میں عرض یہ ہے کہ شہر مکہ میں جو لوگ مسلمان ہوتے رہے ان کی تعداد بھی آہستہ آہستہ بڑھی، لیکن وہ تھے سارے ہی قبیلوں کے، اور انہوں نے مملکت کے اندر مملکت بنالی۔ وہ مکہ شہر میں رہتے تھے لیکن اگر انہیں عدالتی مسئلے کی ضرورت پیش آتی تھی تو وہ شہر کے ان مشرک افسروں کے پاس نہیں جاتے تھے جس کے پاس عدل گستری کا کام تھا۔ اگر انہیں فوجی دفاع کے سلسلے میں ضرورت پیش آتی تو ان کو مکہ والوں سے امداد کی توقع نہ تھی۔ غرض وہ ہر کام میں رسول اللہ ﷺ سے رجوع کرتے جو ان کے قانون ساز بھی تھے، حاکم عدالت بھی، کمانڈر انچیف بھی تھے اور بادشاہ بھی۔ جلدی ہی مسلمانوں کو مکہ کو خیر باد کہنا پڑا۔ رسول اللہ ﷺ کی ہجرت کے وقت مکہ کے اکثر مسلمان بھی ہجرت کر کے مدینے جا بسے۔

جیسا کہ اپنے گزشتہ لیکچر میں اشارۃً عرض کر چکا ہوں کہ مدینے میں رسول اکرم ﷺ نے سب سے پہلے مہاجرین کے معاشی مسائل حل کرنے کے لیے مواخات کا انتظام کیا۔ اس کے بعد جو کام ہوا، اس کا تعلق ہمارے موضوع سے ہے یعنی مملکت کا قیام۔ مدینے میں کسی مملکت کا وجود نہیں تھا۔ شہری مملکت کا نہ کسی اور قسم کی مملکت کا۔ یہاں اسلام سے پہلے کئی رشتہ دار قبیلے آباد تھے مگر ان قبیلوں میں ہمیشہ آپس میں خانہ جنگی ہوتی رہتی تھی چنانچہ آخری جنگ ہجرت نبوی سے پانچ سال پہلے ہوئی تھی جس میں

بہت ہی خوں ریزی ہوئی اور اس کے اثرات خود اسلامی معاشرے پر بھی پڑے۔ اشارۃً میں دو چیزوں کا ذکر کرتا ہوں۔ لکھا ہے کہ ہجرت سے پہلے جب مدینے کے کچھ لوگ "اوس" قبیلے میں سے اور کچھ لوگ "خزرج" قبیلے میں سے مسلمان ہوئے تو چونکہ ان دونوں قبیلوں میں جھگڑا تھا، اگر امام "خزرجی" ہوا تو "اوسی" مسلمان اس کے پیچھے نماز پڑھنے سے انکار کرتے اور اگر "اوسی" امام ہوتا تو "خزرجی" لوگ اس کے پیچھے نماز پڑھنے سے انکار کرتے۔ اس لیے ضرورت پیش آئی کہ مکے سے ایک امام بھیجا جائے تاکہ اس کے پیچھے "اوسی اور خزرجی" دونوں نماز پڑھ سکیں۔ ایک اور واقعہ جس کو ہم اس سے بھی زیادہ افسوسناک کہہ سکتے ہیں، یہ نظر آتا ہے کہ مدینہ کے مسلمانوں میں نقیب النقباء اسعد بن زرارہؓ ایک بہت اچھے، راسخ العقیدہ اور اسلام کے لیے سرگرم کار مسلمان تھے۔ وہ "خزرج" قبیلے سے تعلق رکھتے تھے۔ جب رسول اللہ ﷺ ہجرت کر کے قبا پہنچے، تو ایسے بہت سے لوگ جو آپ ﷺ کو پہلے دیکھ چکے تھے یا آپ ﷺ کے ہاتھ پر بیعت کر چکے تھے، آپ کی خدمت میں حاضر ہوتے ہیں، سلام عرض کرتے ہیں اور مہمان نوازی کے فرائض انجام دیتے ہیں لیکن ان میں اسعد بن زرارہؓ نظر نہیں آتے۔ آخر رسول اللہ ﷺ نے خود پوچھا کہ اسعد بن زرارہ کہاں ہیں؟ تو قبا کے باشندوں "اوسیوں" نے شرمندگی کے انداز میں کہا کہ گزشتہ جنگ بعاث میں انہوں نے ہمارے بعض سرداروں کو قتل کیا تھا، اس لیے انہیں جرات نہیں ہو سکتی کہ وہ ہمارے علاقے میں آئیں۔ اس سے آپ کو اندازہ ہو گا کہ رسول اللہ ﷺ کو مدینہ منورہ میں حکومت کرنے کے لیے کن دشواریوں کا سامنا تھا۔ بہرحال اسی رات کا کافی حصہ گزرنے پر ایک شخص رسول ﷺ سے ملنے کے لیے بھیس بدلے ہوئے، چہرے پر نقاب ڈالے ہوئے آتا ہے۔ جب حضور ﷺ کے پاس پہنچتا ہے تو نقاب اٹھاتا ہے۔ یہ تھے اسعد بن زرارہ۔

رسول اللہ ﷺ حیرت سے پوچھتے ہیں کہ تم کیسے آئے؟ انہوں نے کہا کہ آپ ﷺ تشریف لائیں اور میں نہ آؤں، یہ ناممکن تھا، جان پر کھیل کر حاضر ہوا ہوں۔ اس وقت رسول اللہ ﷺ کوشش کرتے ہیں کہ قبیلہ "اوس" ان کو باقاعدہ طور پر پناہ دینے کا اعلان کرے تاکہ اگر وہ آئیں تو کھلم کھلا آسکیں اور انہیں کوئی "اوسی" شخص نہ ستائے، مگر وہ ہچکچاتے ہیں اور کہتے ہیں کہ یارسول اللہ (ﷺ) آپ حکم دیں گے تو ہم تعمیل کریں گے لیکن ہم خود پناہ دینا نہیں چاہتے۔ بالآخر ایک "اوسی" سردار نے اسے قبول کیا چنانچہ وہ اسعد بن زرارہ کے مکان پر گئے۔ ان کو ساتھ لے کر ہاتھ میں ہاتھ ڈال کر رسول اللہ ﷺ کے سامنے آتے ہیں اور "اوسی" قبیلے کے لوگ دیکھتے ہیں کہ ان کے سردار نے اسعد بن زرارہ کو پناہ دی ہے۔ پھر اس کے بعد امن قائم ہوتا ہے۔ تو اس سے آپ اندازہ لگا سکتے ہیں کہ مدینہ میں حکومت کرنا کتنا مشکل تھا اور کن تدبیروں سے رسول اللہ ﷺ نے آہستہ آہستہ ان مشکلوں کو دور کیا۔

اس ابتدائی کام سے فارغ ہونے کے بعد رسول اللہ ﷺ نے ایک تجویز پیش کی کہ مدینہ میں ایک چھوٹی سی مملکت قائم کی جائے۔ لیکن ابتداء ہی میں کئی دشواریوں کا سامنا کرنا پڑا۔ جنگ بعاث کے بعد مدینے والوں نے یہ سوچا تھا کہ آئے دن کی جنگ ہم سب کے لیے نقصان کا باعث ہے، اس کو ختم کرنا چاہیے لیکن کسی کو سمجھ نہیں آرہا تھا کہ کس طرح ختم کریں؟ اگر کوئی بادشاہ بنایا جائے تو وہ کس قبیلے کا ہو جس کی اطاعت "خزرجیوں" اور "اوسیوں" میں سبھی کو قبول ہو۔ خزرجی قبیلے کا ایک سردار عبد اللہ بن ابی بن سلول بہت مالدار اور صاحب اقتدار تھا۔ خزرجیوں کو توقع تھی کہ "اوسی" بھی اس کی مخالفت نہ کریں گے، چنانچہ اس کے لیے تاج شہریاری تیار ہونے لگا۔ اس اثناء میں رسول اللہ ﷺ تشریف لاتے ہیں تو ظاہر ہے کہ اوسی اور خزرجی مسلمانوں کو اب عبد

اللہ بن ابی بن سلول سے کوئی دلچسپی نہ رہی۔ اس کا نتیجہ بھی آپ سمجھ سکتے ہیں کہ عبد اللہ بن ابی بن سلول کو آنحضرت ﷺ سے نفرت پیدا ہوگئی کہ نعوذ باللہ رسول اللہ ﷺ غاصب ہیں، میرے اقتدار اور میری بادشاہت میں حارج ہو رہے ہیں۔ چنانچہ یہ شخص ساری عمر منافق رہا اور آئے دن اسلام کے لیے دشواریاں پیدا کرتا رہا۔ "واقعہ افک" میں حضرت عائشہؓ پر جو الزام لگایا گیا، وہ بھی انہی صاحب کی کارگزاری تھی۔ جنگ تبوک کے زمانے میں رسول اللہ ﷺ کو قتل کرنے کی ایک سازش ہوئی تھی، اس میں بھی اس کا دخل تھا۔ بہر حال ایک طرف عبد اللہ بن ابی بن سلول کی وجہ سے مسلمانوں کو سیاسی نظم و نسق میں دشواریاں پیش آرہی تھیں۔ علاوہ ازیں اوس قبیلے کے ایک عیسائی ابو عامر راہب نے دوسرا فتنہ کھڑا کیا۔ اس کو بائبل کے مطالعے سے یہ معلوم ہو چکا تھا کہ نبی آخر الزماں ﷺ کے آنے کا امکان ہے، چنانچہ اس نے سوچا کہ خود نبوت کا دعویٰ کرے۔ جب رسول اللہ ﷺ آئے، وہ جا کر رسول اللہ ﷺ سے جھگڑتا ہے، کہتا ہے کہ تم جھوٹے نبی ہو (نعوذ باللہ) نبی موعود تو میں ہوں۔ غرض یہ کہ مسلمانوں کو شروع ہی سے بہت سی دشواریاں پیش آتی رہیں۔

اب رسول اکرم ﷺ نے قبا کے بجائے اس مقام پر رہنا پسند کیا جو "اوسیوں" کے نہیں "خزرجیوں" کے علاقے میں تھا۔ اس کی وجہ امام بخاری نے یہ بیان کی ہے کہ وہ آپ ﷺ کے قریبی رشتہ دار تھے۔ عبد المطلب کی ماں قبیلہ خزرج سے تھیں۔ چنانچہ قبا سے نکل کر، اس مقام پر قیام کیا جہاں بنو نجار کا قبیلہ رہتا تھا اور جلد ہی وہاں ایک جلسہ طلب کیا گیا۔ شہر مدینہ کی آبادی کے جو مختلف عناصر تھے، ان سب کے نمائندوں کو بلایا اور ان کے سامنے حکومت قائم کرنے کی تجویز پیش کی۔ اس تجویز کو اکثریت نے قبول کیا۔ لکھا ہے کہ صرف "اوسی" کنبوں نے انکار کیا۔ اس طرح ایک مملکت قائم ہوئی جو

ایک شہر پر بھی نہیں بلکہ ایک شہر کے کچھ حصے پر مشتمل ہونے کے باوجود علمی اور تاریخی نقطہ نظر سے ایک امتیازی حیثیت رکھتی ہے۔ وہ یوں کہ ایک مملکت میں حکمران اور رعایا کے جو حقوق و فرائض ہوں گے، ان کو تحریری طور پر مرتب کیا گیا۔ دوسرے الفاظ میں اس مملکت کا دستور مرتب کر کے سب کے سامنے پیش کیا گیا اور سب کے مشورے سے اسے لکھا گیا۔ اس تاریخی دستاویز کی خاص قابل ذکر اہمیت یہ ہے کہ دنیا کا پہلا تحریری دستور "اُمّی" شخص کے ہاتھوں وجود میں آیا۔

اس دستور کی ساری دفعات کی تشریح شروع کر دوں تو اس کے لیے کم از کم مجھے ایک پورا دن درکار ہو گا۔ مختصراً یہ عرض کرنا ہے کہ ایک طرف تو یہ اعلان کیا گیا ہے کہ یہ مملکت ایک مستقل اور خود مختار مملکت ہو گی اور یہ بھی صراحت ہے کہ غیر مسلموں کو ان کے دین کی پوری آزادی ہو گی۔ چنانچہ ایک دفعہ کے الفاظ یہ ہیں "للمسلمین دینھم و للیھود دینھم" یعنی مسلمانوں کے لیے مسلمانوں کا دین ہے اور یہودیوں کے لیے ان کا دین ہے۔ یعنی وہاں جتنے بھی لوگ بستے تھے ان کو دینی، عدالتی اور قانونی آزادی کا اطمینان دلایا گیا تھا۔ اسی طرح دفاع کے سلسلے میں جو انتظام کیا گیا وہ بھی اہمیت کا حامل ہے۔ لیکن اس پہلو پر کچھ عرض کرنے سے پہلے میں یہ کہوں گا کہ آنحضور ﷺ کو اس حکومت کا صدر تسلیم کیا گیا، اگر خالص دنیوی نقطہ نظر سے ہم اس پر غور کریں تو وجہ یہ نظر آتی ہے کہ "اوسیوں" کا کوئی بادشاہ مقرر کیا جاتا تو "خزرجی" اسے قبول نہ کرتے اور اگر "خزرجیوں" میں سے منتخب کرتے تو "اوسی" اس کو قبول نہ کرتے۔ چنانچہ سوائے اس کے کوئی چارہ بھی نہیں تھا۔ آپس میں لڑنے والے قبائل آپ ﷺ پر اعتماد رکھتے اور آپ کو نبی مانتے تھے۔ آپ کی غیر جانبداری، آپ کی عدل گستری، آپ کا تحمل و تدبر اور آپ کی فیاضی کا چند مہینوں کے عرصے میں سب لوگوں کو تجربہ ہو چکا تھا۔

دفاع کے سلسلے میں، اس دستور میں، صراحتیں ہیں، ان میں سب سے پہلے یہ بات قابل ذکر ہے کہ امن اور جنگ ناقابل تقسیم چیز ہوگی، یعنی اگر امن ہو تو سلطنت کے سارے باشندوں کے لیے ہوگا اور جنگ ہو تو سارے باشندوں کے لیے۔ صلح و جنگ کی مرکزیت اور ان کا ناقابل تقسیم ہونا ایک اہم بات تھی۔ پھر اس میں یہ بھی صراحت ہے کہ اگر جنگ کے لیے جانے کی ضرورت پیش آئے تو اس کا فیصلہ رسول اللہ ﷺ کے اختیار میں ہوگا کہ کون شخص فوج میں شریک رہے اور کون فوج میں نہ رہے۔ گویا آپ کو کمانڈر انچیف سے بھی زیادہ اختیارات حاصل تھے۔ آپ کو اختیار تھا کہ اپنی فوج سے ان تمام لوگوں کو خارج کر دیں جو مشتبہ ہوں اور جو فوج کے اندر رہ کر مسلمانوں کو نقصان پہنچانا چاہیں۔ گویا آپ نہ صرف جنگی انتظامات کے مالک تھے بلکہ جنگ کے سیاسی پہلوؤں پر بھی آپ ہی کا دخل تسلیم کیا گیا۔ البتہ یہ صراحت ہے کہ اگر باہر سے کوئی دشمن حملہ آور ہو تو ہر محلہ اپنے رقبے کی براہ راست مدافعت کرے گا اور لوک ایک دوسرے کی مدد کریں گے، اور یہ بھی کہ فوج میں جو اخراجات ہوں وہ ہر محلہ یعنی ہر قبیلہ خود برداشت کرے گا۔ اس زمانے میں مرکزی حکومت کے پاس کوئی خزانہ نہیں تھا۔ لہذا مجبوراً یہ طریقہ اختیار کیا گیا کہ لوگ رضاکارانہ اور بلا تنخواہ فوج میں داخل ہوں لیکن فوج کی باگ ڈور رسول اللہ ﷺ کے ہاتھ میں ہوتی ہے اور فوجی انتظامات خود رسول کریم ﷺ ہی فرماتے ہیں۔ اسی طرح دستور میں عدل گستری کا بھی ذکر ہے کہ ابتدائی عدالت تو قبیلہ وار ہوگی یعنی قبیلے کے دو افراد میں جھگڑا ہو تو لوگ اپنے قبیلے کے سردار سے رجوع کریں گے لیکن اگر فریقین دو مختلف قبیلوں کے ہوں تو اس صورت میں ظاہر ہے کہ انہیں رسول اکرم ﷺ کے پاس آنا پڑے گا۔ اگرچہ انہیں اختیار تھا کہ کسی اور شخص کو بھی اپنا حکم بنالیں لیکن آخری حاکم عدالت بالفاظ دیگر عدالت اپیل رسول اللہ ﷺ کی ذات

ہو گی۔ مسلمانوں کے لیے صراحت ہے کہ قانون سازی رسول اکرم ﷺ فرمائیں گے۔ دیگر تفصیلیں جو اس دستور میں آئی ہیں ان کے سلسلے میں یہ بھی نظر آتا ہے کہ حکمران کو کیا اختیارات حاصل ہیں۔ اس دستور میں ایک چیز جو غیر معمولی اور غیر متوقع کہی جا سکتی ہے وہ بیمے کا انتظام ہے۔ اس کی تفصیل پہلے کسی جگہ آچکی ہے۔ یہاں اشارۃً ذکر کیا جاتا ہے کہ اگر فدیہ یا خون بہا کی گراں قدر رقم کوئی شخص ادا کرنے سے معذور ہو تو اس کے قبیلے کی انجمن یا ہمسایہ قبیلے کی انجمن ورنہ بالآخر مرکزی انجمن اس رقم کی ادائیگی کا انتظام کرے گی۔ اسی طرح یہودیوں کے متعلق بھی تفصیل ہے کہ ان پر کیا واجبات و فرائض ہوں گے۔ اس کا بھی ذکر ہے کہ جو مشترکہ دشمن ہیں یعنی قریش مکہ وغیرہ ان کے ساتھ اس مملکت کے باشندوں کا کیا طرز عمل ہو گا۔

یہ تھا وہ نظام جو عہد نبویؐ میں شروع ہوا، اور جیسا کہ میں نے ابھی عرض کیا کہ یہ مملکت ابتداء میں ایک شہری مملکت تو تھی لیکن کامل شہر میں نہیں تھی بلکہ شہر کے ایک حصے میں قائم کی گئی تھی، لیکن اس کی توسیع بڑی تیزی سے ہوتی ہے۔ اس توسیع کا آپ اس سے اندازہ لگائیے کہ صرف دس سال بعد جب رسول اللہ ﷺ کی وفات ہوئی، اس وقت مدینہ ایک شہری مملکت نہیں بلکہ ایک وسیع مملکت کا دارالسلطنت تھا۔ اس وسیع سلطنت کا رقبہ تاریخی شواہد کی رو سے تین ملین یعنی تیس لاکھ مربع کلومیٹر پر مشتمل تھا۔ دوسرے الفاظ میں دس سال تک اوسطاً روزانہ کوئی آٹھ سو پینتالیس مربع کلومیٹر علاقے کا ملک کے رقبے میں اضافہ ہوتا رہا۔ سلطنت کی یہ توسیع کچھ تو پرامن ذرائع سے ہوئی اور کچھ جنگوں کے نتیجے میں۔ آنحضرت ﷺ کے غزوات و سرایا کے متعلق دیگر تفصیلات کے علاوہ مقتولین اور شہداء کے اعداد و شمار بھی ہمارے سامنے موجود ہیں۔ تین ملین کلومیٹر رقبہ فتح کرنے کے لیے دشمن کے جتنے لوگ مرے ہیں، ان کی تعداد مہینے میں دو

بھی نہیں ہے، دس سال میں ایک سو بیس مہینے ہوتے ہیں تو ایک سو بیس کے دوگنے دو سو چالیس آدمی بھی ان لڑائیوں میں نہیں مرے، دشمن کے مقتولین کی تعداد اس سے کم تھی، مسلمانوں کے شہداء کی تعداد دشمن کے مقتولین سے بھی کم ہے۔ مسلمانوں کا سب سے زیادہ نقصان جنگ احد میں ہوا کہ ستر آدمی شہید ہوئے اور یہ نقصان بھی مسلمانوں کی اپنی غلطیوں کی وجہ سے ہوا۔ بہر حال بحیثیت مجموعی میدان جنگ میں قتل ہونے والے دشمنوں کی تعداد مہینے میں دو سے بھی کم ہے، جس سے ہمیں نظر آتا ہے کہ رسول اللہ ﷺ کس طرح اسوۂ حسنہ بن کر دنیا بھر کے حکمرانوں اور فاتحوں کو بتاتے ہیں کہ دشمن کا مقابلہ اور ان کو شکست دینے کی کوشش ضرور کرو لیکن بے جا خون نہ بہاؤ۔ مقصد یہ کہ دشمن جو آج غیر مسلم ہے ممکن ہے کل وہ مسلمان ہو جائے یا اس کے بیوی بچے اور اس کی آئندہ نسلیں مسلمان ہو جائیں لہذا اس امکان کو زائل کرنے میں اپنی طرح سے کوئی ایسا کام نہ کرو جس سے پچھتانے کی ضرورت پیش آئے۔

ہمارے موضوع کا ایک پہلو تو حکومت کے قیام اور سلطنت کی توسیع سے متعلق تھا، دوسرے پہلو کا تعلق حکومت کے نظم و نسق سے ہے۔ ہم یہاں دیکھیں گے کہ نظم و نسق کے سلسلے میں رسول اللہ ﷺ نے کیا اقدامات کیے اور ان کے کیا نتائج نکلے۔ جیسا کہ ہم ابھی دیکھ چکے ہیں کہ مدینہ میں کوئی مملکت پائی ہی نہیں جاتی تھی۔ رسول اکرم ﷺ نے پہلی مرتبہ قائم فرمائی لہذا آپ کو پرانے انتظامات وراثت میں بالکل نہیں ملے۔ فوج، خزانہ و تعلیم، عدلیہ اور انتظامیہ کے اداروں میں سے کوئی چیز وہاں نہیں تھی۔ ہر چیز رسول اللہ ﷺ کو خود ہی نقطہ صفر سے پیدا کرنی اور ترقی دینی تھی۔ اس زمانے میں اتنے دفتر اور اتنے محکمے نہیں ملیں گے جو آج بیسویں صدی میں ہمیں اپنے آس پاس نظر آتے ہیں مثلاً آج کل آپ کو سڑکیں بنانے کی ضرورت پیش آتی ہے۔ عرب میں کہیں سڑکیں

نہ تھیں۔ سڑکوں اور شاہراہوں کی جگہ عام خود رو گزر گاہیں تھیں، سڑک کی تعمیر کی کوئی ضرورت نہیں تھی۔ لہذا اس کے لیے نہ ناظم تھا، نہ محکمہ تعمیرات، البتہ اس کے باوجود کچھ ایسی چیزیں ملتی ہیں جو شہری منصوبہ بندی کے سلسلے میں کارآمد ہیں۔ حضور اکرم ﷺ نے فرمایا ہے کہ شہر کے اندر گلیوں کو اتنا چوڑا رکھو کہ دو لدے ہوئے اونٹ با آسانی آمنے سامنے گزر سکیں، گویا آج کل کے الفاظ میں آسانی کے ساتھ دو موٹریں آجا سکیں۔ اس سے اندازہ ہوتا ہے کہ رسول اکرم ﷺ کی قانون سازی صرف دینی معاملات تک ہی محدود نہیں تھی، اس میں دنیوی مسائل پر بھی توجہ دی گئی ہے حتیٰ کہ اس میں مکانوں کے درمیان کا راستہ بھی شامل ہے۔ وقت کی کمی کے باعث تفصیلات میں نہیں جاؤں گا۔ اہم ترین انتظامات میں سے چند کاتبوں پر مشتمل ایک دفتری نظام (سیکرٹریٹ) بھی تھا۔ چنانچہ مسعودی اور دیگر مؤلفوں نے بتایا ہے کہ ان کاتبوں کے فرائض مختلف تھے۔ کچھ لوگ نازل ہونے والی وحی کو لکھا کرتے تھے۔ کچھ لوگ زکوٰۃ کے اندراجات کرتے، یعنی رقم کس سے وصول ہوئی اور کس پر خرچ کی گئی۔ جنگوں میں جو مال غنیمت حاصل ہوتا، اس کے بارے میں رسول اللہ ﷺ کا حکم تھا کہ سب کو جمع کر کے، اس میں سے سارے فوجیوں کو برابر حصہ دیا جائے۔ نیز پانچواں حصہ حکومت کو ملے۔ لہذا ضروری تھا کہ مال غنیمت کی جمع و تقسیم کا حساب رکھا جائے۔ اس کے لیے خصوصی کاتب مقرر تھے۔ اسی طرح کوئی دس بارہ مدوں کی تفصیل دی گئی ہے کہ ان کے لیے الگ الگ کاتب مقرر کیے گئے تھے۔ ان میں محکمہ خارجہ بھی تھا کہ بیرونی حکمرانوں اور سرداروں سے تبلیغ وغیرہ کے لیے خط و کتابت ہوتی تھی۔

ایک چیز اور، جس کا تعلق فوجی نظام سے اور ساتھ ہی مالی نظام سے ہے، اس کا بھی میں ذکر کرتا چلو، اس پر آپ کو حیرت بھی ہوگی۔ عام طور پر مشہور ہے کہ حضرت عمرؓ

کے زمانے میں دیوان قائم ہوا اور دیوان کا منشا یہ بیان کیا جاتا ہے کہ سرکاری خزانے سے سپاہیوں کو پنشن دی جاتی تھی، اس شرط پر کہ وہ چوبیس گھنٹے تیار رہیں کہ جب حکومت انہیں بلائے تو وہ اسی وقت گھر بار اور کاروبار چھوڑ کر فوجی مہم پر روانہ ہو جائیں۔ یہ نظام حضرت عمرؓ کی طرف منسوب ہے اور اس کے لیے حضرت عمرؓ نے جو دیوان قائم کیا تھا اس کی بہت سی تفصیلیں ہمیں ملتی ہیں۔ لیکن ہمیں حیرت اس بات پر ہوتی ہے کہ اس کا آغاز بھی عہد نبویؐ میں ہوتا ہے۔ چنانچہ امام محمد کی "السیر الکبیر" میں آیا ہے کہ عہد نبویؐ میں ایک کاتب کے ذمے یہ کام تھا کہ وہ ان بالغ لوگوں کی فہرست مرتب کرے جو نہ صرف جنگ کے قابل ہیں بلکہ اس پر آمادہ ہیں کہ جب انہیں بلایا جائے، فوراً فوجی مہم پر روانہ ہو جائیں، ایسے لوگوں کو بیت المال سے مستقل وظیفہ ملتا رہتا تھا۔ حضرت عمرؓ نے رسول اللہ ﷺ کے قائم کردہ نظام کو مزید ترقی دی۔ ان کے زمانے میں حکومت کی آمدنی میں بہت اضافہ ہو گیا تھا لہٰذا وظائف بھی دیے جانے لگے۔ حتیٰ کہ حضرت عمرؓ کے زمانے میں غیر مسلموں کو بھی وظائف دیے جاتے تھے۔ غرض دیوان یا سیکرٹریٹ خود رسول اللہ ﷺ نے قائم فرمایا۔ بعض چیزوں کا انتظام حسب ضرورت رضاکارانہ ہوتا تھا مثلاً شروع میں اذان نہیں ہوتی تھی۔ جب نماز کے لیے لوگوں کو ایک مؤذن کی ضرورت محسوس ہوئی اور یہ طے پایا کہ اذان دی جائے تو رسول اللہ ﷺ نے حضرت بلالؓ کو اس کام کے لیے منتخب فرمایا، کیونکہ ان کی آواز سریلی تھی۔ کہا جاتا ہے کہ خود رسول اللہ ﷺ نے انہیں اذان کا طریقہ سکھایا اور یہ بھی بتایا کہ کس لفظ کو کھینچو، کس کو مختصر کرو، گویا موسیقی کی سریں، رسول اللہ ﷺ نے انہیں سکھائیں۔ اسی طرح ایک اور نائب یا مددگار مؤذن بھی مقرر کیا گیا تاکہ ہمیشہ ایک ہی آدمی پر اس کی ذمہ داری یا بار نہ ہو۔ یہ اور اس طرح کی بہت سی چیزیں ہمیں مذہبی نظام کے سلسلے میں ملتی ہیں۔ مسجد نبوی

کے اندر صفائی کی ضرورت تھی۔ ایک حبشی مسلمان عورت نے رضاکارانہ اپنی خدمات پیش کیں۔ وہ روزانہ مسجد میں جھاڑو دیتی تھی اور قندیل میں لگائے ہوئے چراغ کو جلاتی۔ اس طرح کے انتظامات کا بھی ہمیں پتہ چلتا ہے جو بالکل ابتدائی حالت میں تھے، اور رفتہ رفتہ اس میں ترقی ہوتی گئی۔ ان انتظامات میں سے ایک نظام فوج کا بھی تھا۔ دفاع کے لیے فوج کی ضرورت تھی۔ شروع میں اسلامی حکومت کے پاس کافی مال نہ تھا۔ اس کا حل خدائے حکیم نے یوں کر دیا کہ جہاد کو مسلمانوں کا فریضہ قرار دیا گیا۔ ہر شخص پر واجب تھا کہ اسلام کے دفاع کے لیے اپنی جان اور مال کو قربان کرے۔ یہ نہیں کہ سو فی صد مسلمان ساری جنگوں میں حصہ لیں، بلکہ بوقت ضرورت ہر شخص کا فرض ہے کہ اپنے آپ کو پیش کرے۔ رسول اللہ ﷺ مطلوبہ تعداد میں لوگوں کو چن لیتے تھے اور انہیں مہم پر روانہ کرتے تھے۔

اس سلسلے میں "صفہ" کا بھی ذکر کرنا چاہیے جس کا تعلق تعلیم و تربیت کے علاوہ فوج سے بھی ہے۔ بعض اوقات رسول اکرم ﷺ کو کوئی اطلاع آئی کہ فلاں قبیلے کے خلاف تدبیر اختیار کرنے کی ضرورت ہے، یعنی دشمن کو سزا دی جائے یا اس کا تعاقب کیا جائے۔ مثلاً کسی نے مدینے کے ایک گھر پر چھاپہ مارا تو ضرورت تھی کہ فوراً اس کے تعاقب کے لیے فوج کا ایک دستہ روانہ کیا جائے۔ ایسی ہنگامی ضرورت کے لیے "صفہ" کارآمد ہوتا۔ رسول اللہ ﷺ کی طرف سے یہ اعلان ہوتے ہی کہ ایک مہم کے لیے اتنے آدمیوں کی ضرورت ہے، فوراً اصحاب صفہ کی ایک جماعت اس مہم پر روانہ ہو جاتی۔ ان کو دن یا رات میں کسی وقت بھی بلایا جا سکتا تھا لیکن اگر کوئی بڑی مہم بھیجنی ہوتی تو ظاہر ہے کہ اس کے لیے تیاریاں کرنی ہوتیں۔ رسول اللہ ﷺ جمعہ کے خطبے میں یا کسی نماز کے بعد غیر معمولی اجتماع کر کے فرماتے کہ اتنے آدمیوں کی ضرورت ہے تو لوگ

رضا کارانہ اپنے آپ کو پیش کر دیتے۔ اس سلسلے میں دلچسپ چیز یہ ہے کہ ان کے نام اور پتے نوٹ کیے جاتے تھے اور بعد میں اس کے مطابق انہیں اطلاع دی جاتی تھی کہ تم سب لوگ فلاں مقام پر فلاں وقت اپنے ہتھیار اور ضروری سامان کے ساتھ جمع ہو جاؤ۔ صرف یہی نہیں، فوجی نظام کے سلسلے میں اور بھی بے شمار باتیں ملتی ہیں۔ مثلاً رسول اللہ ﷺ ہمیشہ لوگوں کو ورزش کی ترغیب دیتے تھے، نشانہ بازی کی مشق کی بھی ہمیشہ تشویق دلاتے۔ خود بھی وہاں جاتے اور اپنے سامنے گھڑ دوڑ کراتے، اونٹوں کی دوڑ کراتے، آدمیوں کی دوڑ کراتے، کشتی کے مقابلے کرواتے اور لوگوں کو انعامات دیتے تھے۔ چنانچہ مدینہ منورہ میں آج بھی شمالی دروازے کے پاس ایک مسجد ہے جس کا نام مسجد سبق ہے۔ سبق کے معنی مسابقت میں جیتنا ہے۔ کہتے ہیں کہ رسول اللہ ﷺ اس مقام پر جو ایک پہاڑی کے دامن میں ہے، بلندی پر کھڑے ہو جاتے تھے اور جب گھوڑے دوڑتے ہوئے آتے تو رسول اللہ ﷺ خود فیصلہ فرماتے کہ کون سا نمبر ا ہے اور کون سا نمبر ۲ اور ۳ وغیرہ۔ مقریزی نے بیان کیا ہے کہ پانچ اول آنے والے گھوڑوں کو رسول اللہ ﷺ انعام دیا کرتے تھے اور یہ انعام کبھی کھجور کی صورت میں ہوتے تھے، کبھی کسی اور چیز کی صورت میں۔

غرض ایک تو فوجی خدمت کا لازمی قرار دیا جانا، دوسری فوج کی تربیت، یہ دو انتظامات تھے جو رسول اللہ ﷺ نے فرمائے۔ ساتھ ہی ساتھ حکومت کے زیر اہتمام فوجی سامان کا ذخیرہ بھی جمع کرنا شروع کیا، مثلاً ہتھیار خریدنا، گھوڑے اور اونٹ خریدنا، ان کو سرکاری چراگاہ میں رکھنا، تاکہ بوقت ضرورت اگر سپاہیوں کے پاس ان کی ضرورتوں کی چیزیں ناکافی ہوں تو سرکاری طور پر بھی ان کو مدد دی جائے تاکہ فوج کے انتظامات ناکافی ہونے کی وجہ سے فوج کو نقصان اور تکلیف نہ ہو۔ ایک اور چیز جس کا نظام

قائم کیا اور جس کا تعلق سیکر ٹریٹ سے ہے، وہ ہے بیرونی قبائل اور حکمرانوں کو خطوط لکھنا اور معاہدات کو لکھنا۔ چنانچہ بیرونی حکمرانوں کو جو خطوط لکھے جاتے تھے ان مکتوبات نبوی کا سب سے قدیم ذخیرہ یا مجموعہ، جو ایک صحابی حضرت عمرو بن حزامؓ کی طرف منسوب ہے اس کی روایت کر کے ابو جعفر دیبلی (ایک پاکستانی) نے ہم تک پہنچایا ہے۔ اس کے بعد اور لوگ بھی اس میں حصہ لیتے رہے اور انہوں نے مکتوبات نبوی کو جمع کرنے کی سعادت حاصل کی۔ بیرونی حکمرانوں سے مراسلت ہی نہیں، بلکہ ان کے پاس سفیروں کو بھیجنا ضروری تھا اور ہمیں ایسے متعدد لوگوں کے نام ملتے ہیں جو سفیر بنے۔ اس سلسلے میں ایک چیز جو دلچسپ اور قابل ذکر ہے وہ یہ کہ بعض مرتبہ غیر مسلموں کو بھی رسول اللہ ﷺ سفیر بنا کر بھیجتے تھے۔ غالباً غیر مسلموں سے قابل اعتماد شخصیتوں کو ان کی فطری صلاحیتوں کے پیش نظر سفیر بنایا گیا تھا چنانچہ لکھا ہے کہ حضرت عمرو بن امیہ الضمریؓ کو ان کے مسلمان ہونے سے قبل حبشہ کے نجاشی کے پاس پیام دے کر بھیجا تھا۔ شاید وہ سابق میں بھی نجی طور پر حبشہ جا چکے تھے اور وہاں کے حالات سے واقف تھے بلکہ خود نجاشی سے شخصی تعارف تھا کیونکہ لکھا ہے کہ باپ کے مرنے پر یہ نجاشی کمسنی میں بادشاہ بنا اور چچا نائب السلطنت تھا جس نے چپکے سے بھتیجے کو غلام کے طور پر بعض عربوں کو فروخت کر دیا جو علاقہ بدر میں رہتے تھے (قبیلہ ضمرہ بھی وہیں رہتا تھا)۔

سلطنت کے جو مختلف انتظامات رسول اکرم ﷺ نے فرمائے ان میں مالیے کے ذکر کی ضرورت ہے، تعلیم کے ذکر کی بھی ضرورت ہے اور عدل گستری کے انتظام کا ذکر بھی لازمی ہے اور بھی انتظامات تھے لیکن یہ تین چیزیں ایسی ہیں جن پر کچھ کہے بغیر یہ تبصرہ بہت ہی نامکمل اور تشنہ رہے گا۔ جہاں تک مالیے یعنی حکومت کی آمدنی اور اس آمدنی کے خرچ کا تعلق ہے، یہ بہت ہی آہستہ آہستہ ترقی کرتا ہوا نظر آتا ہے۔ زکوۃ جو

اسلامی آمدنی کا سب سے بڑا وسیلہ ہے، یہ ۹ھ میں یعنی رسول اللہ ﷺ کی وفات سے کوئی دو تین سال پہلے فرض کی گئی۔ اس سے پہلے کیا ہوتا رہا، اس کا جواب مشکل ہے۔ بظاہر یہ معلوم ہوتا ہے کہ چونکہ قرآن مجید کی مکی آیتوں میں بھی زکوٰۃ کا ذکر ہے، اس لیے تصور کیا جاتا ہے کہ شروع میں بھی مسلمان زکوٰۃ کا ٹیکس ادا ضرور کرتے تھے لیکن نہ تو اس کی مقدار معین تھی، نہ وقت مقرر تھا۔ ہر شخص خوشدلی کے ساتھ رسول اللہ ﷺ کی خدمت میں حتی الامکان کچھ نہ کچھ رقم یا کچھ اور چیزیں پیش کر دیا کرتا تھا۔ میں "بظاہر" کہتا ہوں> اس لیے کہ کوئی صراحت اس بارے میں ہمیں ابھی تک نہیں ملی۔ اسی طرح آمدنی کا ایک وسیلہ اور بھی تھا، جو مستقل نہیں وقتی تھا، یعنی مال غنیمت کا جو حصہ حکومت کو ملتا وہ حکومت کے خزانے میں محفوظ کیا جاتا اور رسول اللہ ﷺ مملکت اور ملت کی ضرورتوں پر اس کو خرچ کرتے۔ اس سلسلے میں یہ امر قابل ذکر ہے کہ زمانہ جاہلیت میں عرب میں یہ رواج تھا کہ مال غنیمت کو ہر جنگ میں حصہ لینے والا سپاہی، جتنا وہ لوٹتا اور حاصل کر سکتا تھا، خود لے لیتا تھا۔ یہ نہیں ہوتا تھا کہ اس کو جمع کر کے سارے سپاہیوں میں تقسیم کیا جائے۔ البتہ ایک پابندی تھی وہ یہ کہ سپہ سالار کو ہر سپاہی اپنے مال غنیمت کا چوتھائی حصہ دینے پر مجبور تھا، جسے ربع کا نام دیا گیا ہے۔ رسول اکرم ﷺ نے جو اصلاح فرمائی وہ سیاسی نقطہ نظر سے ایک غیر جانبدار ناظر کے لیے بھی دلچسپ ہے۔ آپؐ نے اولاً یہ فرمایا کہ حکومت کو چوتھائی نہیں پانچواں حصہ ملے۔ اس میں ایک ذیلی فائدہ یہ تھا کہ اگر غیر مسلم رضاکارانہ طور پر جنگ میں حصہ لینا چاہتے ہیں تو اگر ہمارے دشمن کی فوج میں شریک ہوں تو انہیں چوتھائی حصہ دشمن کے سردار کو دینا پڑے گا۔ اس طرح انہیں اسلامی فوج میں شریک ہونے کے لیے زیادہ سے زیادہ تشویق ہو گی۔ اس اصلاح کا دوسرا اہم مقصد یہ تھا کہ مال غنیمت انفرادی نہ سمجھا جائے بلکہ سارے لوگوں کا

جمع کیا ہوا مال غنیمت سارے لوگوں کے لیے ہو، حتی کہ ان لوگوں کے لیے بھی ہو جو کسی نہ کسی وجہ سے جنگ میں عملی حصہ نہیں لے سکے، مثلاً جنگ کے وقت ہمارے کیمپ کی حفاظت کی ضرورت ہے تاکہ دشمن وہاں کے مال و اسباب، جانوروں، بچوں اور عورتوں کو نقصان نہ پہنچائیں اور اس پڑاؤ کی حفاظت کے لیے چند سپاہیوں کو متعین کرنے کی ضرورت ہوتی ہے جو جنگ میں عملی حصہ نہیں لیتے۔ رسول اکرم ﷺ نے حکم دیا کہ مال غنیمت کو یکجا کیا جائے اور پھر سارے لوگوں کو اس میں برابر کا حصہ دیا جائے۔ سپہ سالار اور معمولی سپاہی میں کوئی فرق نہ ہونے پائے۔ چنانچہ سپہ سالار کو بھی اتنا ہی حصہ ملتا جتنا معمولی سپاہی کو۔ اگر فوج بڑی ہوتی تو اس کو ٹولیوں میں تقسیم کیا جاتا اور ہر ٹولی کے سردار نامزد ہوتے تھے لیکن ان کی حیثیت بھی مال غنیمت کی حد تک معمولی سپاہیوں سے زیادہ نہ تھی اور اگر فرق کیا جاتا تھا تو اس امر کا جس کے پاس گھوڑا ہوتا اس کو مال غنیمت میں سے پیادہ سے دگنا حصہ ملتا تھا۔ آمدنی کے ایک تیسرے وسیلے کا بھی امکان ہے اور وہ یہ کہ ملک میں جو زراعت ہوتی تھی، اس کی پیداوار کا ایک حصہ زمانہ قدیم سے اہل عرب کسی نہ کسی کو دینے پر مجبور تھے، مثلاً مکہ میں بتوں کے اوپر چڑھاوے کے طور پر کچھ پیداوار دی جاتی تھی۔ غالباً مدینے میں بھی کبھی ایسا ہوا ہوگا کہ لوگ اپنی پیداوار کا کچھ حصہ رسول اللہ ﷺ کی خدمت میں پیش کرتے ہوں گے تاکہ دینی خدمات کے لیے اس کو صرف کیا جائے۔ بعد میں زکوٰۃ بن گئی۔ یہ ابتدائی انتظامات تھے۔ ان انتظامات کے سلسلے میں ایک اور چیز کا ذکر بھی کروں گا۔ حکومت کی آمدنی کی نگہداشت کی بھی ضرورت تھی اور یہ کام حضرت بلالؓ کے سپرد تھا، جو مؤذن بھی تھے اور وزیر خزانہ بھی۔ لکھا ہے کہ مسجد نبوی کا ایک حجرہ اس کے لیے مخصوص تھا، جس میں تالا پڑا رہتا۔ یہ کمرہ حضرت بلالؓ کی نگرانی میں رہتا اور اس میں سرکاری رقم اور سرکاری ملکیت کی چیزیں رکھی

جاتی تھیں۔ ہمارے مفسروں کے بیان کے مطابق ہجرت کے بہت عرصہ بعد ۹ھ میں زکوٰۃ کی آیتیں نازل ہوئیں کہ زکوٰۃ ایک واجبی چیز ہے اور زکوٰۃ ہر اس شخص کو دینا پڑے گی جو نصاب کا مالک ہو۔ یہ رقم مختلف قسم کی ہو سکتی ہے مثلاً زراعتی ہو تو اس کے لیے پیداوار کا دسواں حصہ ادا کرنا ہو گا۔ اگر تاجر ہے تو اس کو اپنے سرمایہ تجارت پر ڈھائی فی صدر رقم دینا ہو گی۔ کسی کے پاس لوہے، سونے، چاندی یا اس زمانے کے لحاظ سے کسی اور چیز کی کانیں ہیں تو اس کی ایک مقدار حکومت کو دینی ہوتی تھی۔ اس سلسلے میں شہر مدینہ سے باہر ساری مملکت کے لوگوں سے زکوٰۃ وصول کرنے کی غرض سے تحصیل دار بھیجے جاتے تھے۔ بعد میں مقامی محصل متعین ہوئے۔ غرض یہ کہ حکومت کے مالیے کے سلسلے میں ایک طرف تو آمدنیاں تھیں اور دوسری طرف خرچ۔ قرآن مجید میں آمدنی کے متعلق بہت کم اشارے ملتے ہیں لیکن خرچ کے متعلق ایک صریح حکم موجود ہے اِنَّمَا الصَّدَقَاتُ لِلْفُقَرَاءِ وَالْمَسَاكِينِ وَالْعَامِلِينَ عَلَيْهَا وَالْمُؤَلَّفَةِ قُلُوبُهُمْ وَفِي الرِّقَابِ وَالْغَارِمِينَ وَفِي سَبِيلِ اللَّهِ وَابْنِ السَّبِيلِ ۖ فَرِيضَةً مِنَ اللَّهِ (۹:۶۰) اس آیت کو ہم اسلامی بجٹ کے اخراجات کے قواعد کی اساس قرار دے سکتے ہیں۔ ان شاء اللہ کسی آئندہ لیکچر میں اس آیت کے ہر ہر لفظ پر تفصیل سے گفتگو کروں گا۔ غرض یہ کہ رسول اکرم ﷺ نے جو حکومت قائم کی تھی اس کے شعبہ مالیہ پر بھی توجہ کی ضرورت ہے۔ علاوہ ان مستقل ذرائع آمدنی کے ایک اور چیز بھی نظر آتی ہے۔ کسی خاص موقع پر ایک بڑی رقم کی ضرورت ہوتی تو رسول اللہ ﷺ خطبہ دیتے اور مسلمانوں کو شوق دلاتے کہ ملک کی فلاں ضرورت کے لیے دل کھول کر چندہ دیں۔ اس سے ایک بات یاد آئی جس کا ذکر کرتا چلوں تاکہ آپ کو اندازہ ہو کہ اس زمانے میں مسلمان کیسے تھے۔ جنگ تبوک کا ذکر ہے دنیا کی سب سے بڑی سلطنتوں میں سے ایک یعنی بیزنطینی سلطنت سے جنگ چھڑ گئی۔

عرب کے بے خانماں بدوی مسلمانوں کو دشمن سے مقابلے کے لیے ایک مہینے کی مسافت طے کر کے بیز نطینیوں کی سرحد تک پہنچنا ہے۔ شدید گرمی کا زمانہ ہے۔ وسائل نقل و حمل کی ضرورت ہے وغیرہ وغیرہ، تو اس وقت رسول اللہ ﷺ نے لوگوں کو ترغیب دلائی کہ اللہ کی راہ میں دل کھول کر حصہ لو، انہوں نے حصہ لیا اور جنگ کامیاب رہی۔ جن لوگوں نے چندہ دیا ان میں سے صرف تین مثالیں میں آپ کو دیتا ہوں۔ سب سے پہلے حضرت عثمانؓ آئے۔ یہ بہت مال دار تاجر اور بہت ہی مخیر دین دار آدمی تھے۔ اسلام کی ہمیشہ دل کھول کر مالی خدمت کرتے تھے۔ انہوں نے، مجھے جہاں تک یاد ہے، اس وقت چالیس ہزار اشرفیاں پیش کیں۔ ظاہر ہے کہ اتنی بڑی رقم تھی کہ آج بھی ہم اسے بڑی رقم کہہ سکتے ہیں۔ رسول اللہ ﷺ خوش ہوئے اور علاوہ اور باتوں کے دعا دینے کے بعد فرمایا کہ آج سے تم جو چاہو کرو، خدا نے تمہیں معاف کر دیا ہے۔ اس سے بڑھ کر انہیں کیا مسرت ہو سکتی تھی کہ اس تھوڑے سے مال کے عوض، جو ان کا سارا مال نہیں تھا بلکہ صرف ایک جز تھا، یہ عظیم بشارت آپؐ سے حاصل کی۔ تھوڑی دیر کے بعد حضرت عمرؓ آئے۔ انہوں نے دس ہزار درہم پیش کیے۔ رسول اللہ ﷺ کے اس سوال پر کہ اہل و عیال کے لیے بھی کچھ چھوڑا ہے؟ انہوں نے کہا کہ یا رسول اللہ ﷺ یہ میری آدھی جائیداد ہے، آدھا حصہ عیال کے لیے چھوڑا ہے۔ رسول اللہ ﷺ خوش ہوئے، ان کو بھی دعا دی۔ اس کے بعد حضرت ابو بکرؓ آتے ہیں اور صرف پانچ سو درہم کی رقم پیش کرتے ہیں۔ زیادہ نہیں، نہ چالیس ہزار اشرفیاں جس کے معنی ہیں چار لاکھ درہم، نہ دس ہزار درہم بلکہ صرف پانچ سو درہم۔ لیکن رسول اللہ ﷺ کے اس سوال پر کہ گھر میں کیا چھوڑ آئے؟ انہوں نے کہا کہ اللہ اور رسول اللہ ﷺ کی محبت کے سوا کوئی چیز نہیں۔ ظاہر ہے کہ اس شخصیت کا دنیا کے کسی انسان کے ساتھ ہم مقابلہ نہیں کر سکتے۔ نبی

کے بعد مرتبے کا کوئی شخص ہوتا ہے تو ایسا ہی ہوتا ہے جو اللہ کی راہ پر اپنی ہر چیز قربان کر دیتا ہے۔ یہی لوگ تھے جنہوں نے اسلام کو پھیلایا۔

اس کے بعد میں آپ سے تعلیم کے متعلق ذکر کروں گا۔ ہمارے نبی رسول اکرم ﷺ پر سب سے پہلے جو وحی نازل ہوئی اس کا پہلا لفظ "اقراء" تھا یعنی پڑھو۔ اس کے بعد رسول اکرم ﷺ کی ساری عمر امت میں لکھنے پڑھنے اور دینی و اخلاقی تعلیم کو رائج کرنے کی سعی میں گزری۔ دو ایک مثالیں میں آپ کو دوں گا۔ مدینہ منورہ میں پہنچے تو سب سے پہلا کام مسجد کی تعمیر کا تھا اور اس مسجد کے اندر "صفہ" ایک حصہ تھا جو تعلیم کے لیے مخصوص تھا۔ "صفہ" چبوترے یا پلیٹ فارم کو کہتے ہیں۔ مسجد کے ایک حصے میں ڈائس کے طور پر ایک چبوترہ بنا دیا گیا تھا جو دن کے وقت تعلیم گاہ کا کام دیتا تھا اور رات کے وقت بے خانماں لوگوں کے لیے سونے کی جگہ بنتا۔ گستاخی معاف! گویا یہ پہلی اقامتی (Residential) یونیورسٹی تھی جو رسول اللہ ﷺ نے قائم فرمائی۔ پہلے ہی دن سے شہر کے باشندے بھی وہاں آنے لگے۔ بے خانماں لوگ حصول تعلیم کے لیے وہیں رہتے تھے۔ مختلف لوگوں کی ضرورتوں کے پیش نظر مختلف قسم کی تعلیم دی جاتی۔ جو لوگ بالکل ہی ان پڑھ تھے ان کو لکھنا پڑھنا سکھایا جاتا۔ اس کا بھی وہاں انتظام تھا کہ جو لوگ لکھنا پڑھنا چاہتے تھے ان میں سے کسی کو قرآن مجید پڑھ کر اس کے معنی سمجھائے جاتے یعنی تفسیر کی تعلیم دی جاتی، کسی کو کچھ، کسی کو کچھ۔ بعض بڑی اثر انگیز مثالیں بھی ملتی ہیں۔ ایک صاحب کو اس بات پر مامور کیا گیا کہ وہ لوگوں کو لکھنا پڑھنا سکھائیں، کیونکہ وہ بہت خوش نویس تھے۔ ایک اور صاحب کو قرآن کی تعلیم پر مامور کیا گیا۔ ایک دن وہ آکر کہنے لگے یا رسول اللہ ﷺ میں نے ایک شخص کو قرآن کی تعلیم دی اور اس نے اظہار تشکر کے طور پر مجھے ایک کمان دی ہے کہ اللہ کی راہ میں اس سے جہاد کروں، کیا میں اسے لے

سکتا ہوں؟ تو رسول اللہ ﷺ نے فرمایا کہ دوزخ کی آگ کی کمان ہے۔ چنانچہ وہ دوڑے ہوئے گئے، اس شاگرد کو واپس کر دیا۔ حالانکہ رسول اللہ ﷺ سے انہوں نے وضاحت کر دی تھی کہ میرا شاگرد چاہتا ہے کہ میں اس سے جہاد فی سبیل اللہ کروں مگر رسول اللہ ﷺ نے فرمایا کہ اس میں ایک شائبہ یہ ہے کہ تم تعلیم کا معاوضہ لینا چاہتے ہو۔ ابتداء میں ہر چیز رضاکارانہ طور پر تھی۔ ممکن ہے بعد کے زمانے میں جب حکومت کی طرف سے، مدینے میں بھی اور مدینے سے باہر بھی، تعلیم دینے کے لیے اساتذہ مامور کیے گئے تو انہیں حکومت کی طرف سے تنخواہیں دی جاتی ہوں لیکن تعلیم کے سلسلے میں شاگردوں سے کچھ لینے کی صریحاً ممانعت کی گئی۔ تعلیم کے انتظام کے بارے میں ایک مثال دیتا ہوں۔ حضرت معاذ بن جبلؓ کو یمن میں انسپکٹر جنرل آف ایجوکیشن کے طور پر بھیجا جاتا ہے۔ ان کا فریضہ حسب بیان طبری یہ تھا کان ینتقل من عمالۃ عامل الی عمالۃ اخریٰ ایک گاؤں سے دوسرے گاؤں، ایک کمشنری کے یا ایک عہدیدار کے علاقے کے بعد دوسرے عہدیدار کے علاقے میں جاتے تھے اور وہاں تعلیم کا بندوبست اور انتظام کرتے تھے۔ جب یمن کے متعلق یہ صراحت ملتی ہے تو کوئی تعجب نہیں کہ دوسرے صوبوں میں بھی ایسا ہی انتظام کیا گیا ہو اور وہ اس نہج پر ہوا ہو گا کہ مقامی مدرس بھی مامور کیے جائیں۔ صدر مدرس بھی اور مدرسوں کے ناظرہ وغیرہ بھی مامور کر دیے ہوں گے تاکہ حکومت کی نگرانی بھی تعلیم پر رہے اور اگر کوئی شکایت یا خرابی نظر آئے تو اس کی اصلاح اور سدباب بھی کیا جا سکے۔

اب عدلیہ کے متعلق بھی کچھ عرض کروں گا۔ اس کی ضرورت تھی اور اس کا رسول اللہ ﷺ نے بندوبست بھی کیا۔ ابتداء میں مسلمانوں کی تقریباً ساری آبادی شہر مدینہ میں تھی ان کی تعداد چند سو سے زیادہ نہ تھی۔ مسلمانوں میں تو لڑائی جھگڑے کا

سوال ہی پیدا نہیں ہونا چاہیے لیکن انسانی فطرت کے تقاضے سے اگر کبھی جھگڑا یا اختلاف ہو جاتا تو لوگ یا تو اپنے قبیلے کے سردار سے رجوع کرتے یا رسول اللہ ﷺ کے پاس آتے اور فی الفور وہ مقدمہ طے پا جاتا اور فیصلہ نافذ کیا جاتا۔ ہر شخص کو اجازت تھی کہ اعلیٰ ترین افسر عدالت، حکمران ملک یعنی رسول اللہ ﷺ کی خدمت میں حاضر ہو کر اپنی شکایتیں پیش کرے اور فیصلہ پائے۔ رفتہ رفتہ جب سلطنت کی توسیع ہوئی تو مختلف مقامات پر عدالتی انتظامات کی ضرورت پیش آئی۔ اس سلسلے میں ایک دلچسپ چیز یہ دیکھنے میں آئی ہے کہ جب یمن کے علاقے نجران کے عیسائی مدینہ منورہ آئے تو انہوں نے اسلام قبول کرنے سے انکار کیا، لیکن اسلامی مملکت کے ماتحت رہنے کو قبول کر لیا۔ کچھ شرطیں بھی طے کیں کہ ہمارا گرجا برقرار رہے، اپنے گرجاؤں کے سردار کو ہم ہی متعین کریں گے وغیرہ وغیرہ۔ آخر میں انہوں نے مسلمان حاکم عدالت کی غیر جانبداری پر اعتماد کرتے ہوئے رسول اللہ ﷺ سے درخواست کی کہ انہیں ایک مسلمان جج مہیا کیا جائے۔ چنانچہ رسول اکرم ﷺ حضرت ابو عبیدہ بن جراحؓ کو روانہ کرتے ہیں کہ وہ "امین ھذا الامۃ" یعنی مسلمانوں میں قابل اعتماد شخص ہیں۔ انہوں نے وہاں اپنے فرائض اس خوبی سے انجام دیے کہ ملک میں جلد ہی اسلام پھیلنے لگا۔ بہت سے عیسائی مسلمان ہو گئے۔ مختلف مقامات کے قاضیوں کو مختلف ہدایات دی جاتی رہیں مثلاً ایک مرتبہ حضرت علیؓ کو ایک جگہ کا قاضی بنا کر بھیجا گیا۔ یہ بالکل نوجوان تھے۔ انہیں قاضی نامزد کیا گیا تو کہنے لگے کہ یارسول اللہ ﷺ! میں نے کبھی یہ کام کیا ہی نہیں، یہ خدمت کیسے انجام دوں گا؟ رسول اللہ ﷺ نے ان سے کہا کہ ایک بنیادی اصول میں تمہیں بتاتا ہوں۔ جب کوئی شخص تمہارے پاس آئے اور کوئی شکایت پیش کرے تو صرف اسی کی بات سن کر فیصلہ نہ کرو، جب تک مدعی علیہ یا فریق ثانی کو بھی بلا کر اس کا بیان نہ سن لو، پھر دونوں کے بیانات

کی روشنی میں تم اپنی صوابدید کے مطابق فیصلہ کر سکتے ہو۔ حضرت علیؓ کہتے ہیں کہ اس کے بعد میں ساری عمر عدالتی فیصلے کرتا رہا ہوں، مجھے کبھی جھجک محسوس نہیں ہوئی، کیونکہ بنیادی اصول یہ تھا کہ دونوں آدمیوں کی باتیں سنوں اور اس کی روشنی میں صحیح نتیجے پر پہنچنے کی کوشش کروں۔

یہ تمام امور تھے جن کی اساس پر اسلامی مملکت کے مختلف محکموں اور مختلف اداروں کا آغاز ہوا تھا۔ تعلیم کا بھی آغاز ہوا اور فوج کا بھی انتظام ہوا۔ مالیے کا بھی انتظام ہوا اور سرکاری سیکرٹریٹ کا بھی انتظام ہوا۔ غرض جن جن چیزوں کی اس وقت ضرورت تھی، ان میں ہر ایک کا حسب ضرورت انتظام کیا گیا۔ بعد کے زمانے میں جو ترقی یافتہ انتظامی ادارے نظر آتے ہیں، ان سب کی بنیاد عہد نبوی کی اس اسلامی مملکت کی ایک خصوصیت کی طرف اشارہ کیے بغیر اسے ختم نہ کروں گا۔ یہ وہ مشرکین قریش کے زیر تسلط شہری مملکت مکہ کے متعلق رسول اکرم ﷺ کا تصور یہ تھا کہ وہ لوگ واقعے کی حد تک (Defacto) تو بیشک اس کے مالک ہیں لیکن استحقاق کی حد تک (Dejure) وہ مسلمان اور رسول اکرم ﷺ کی چیز ہے۔ اس لیے جنگ بدر کے سلسلے میں ذکر آتا ہے کہ رسول اللہ ﷺ نے جب سنا کہ قریش کا جھنڈا خاندان عبد الدار کے ایک مشرک کے ہاتھ میں ہے تو فرمایا کہ حق رسانی اسلام کا فریضہ ہے اور یہ کہہ کر اپنا جھنڈا حضرت مصعب بن عمیر العبدری کے (جو اسی خاندان کے ایک مسلمان تھے) سپرد فرمایا۔ صلح حدیبیہ کے وقت مشرکین سے گفت و شنید کے لیے ایک شخص کو مکہ بھیجنے کی ضرورت تھی۔ اس پر حضرت عمرؓ کا انتخاب کیا گیا، وہ سابق میں مکہ میں موروثی وزیر خارجہ تھے۔ حضرت خالد بن ولیدؓ کو اسلام لانے کے بعد اسلامی سوارہ فوج کا افسر بنا دیا گیا کہ مکہ میں وہی ان کا منصب تھا۔ حضرت ابو بکرؓ کو رسول اللہ ﷺ نے مدینے میں مفتی مقرر فرمایا۔

یہ مکہ میں بھی ان کا فریضہ رہا تھا۔ فتح مکہ پر حضور اکرم ﷺ کے چچا حضرت عباس نے چاہا کہ خانہ کعبہ کی چابی انہیں دے دی جائے۔ رسول اللہ ﷺ نے انکار کیا اور قدیم موروثی کلید بردار کو، جو مسلمان ہو گیا تھا، وہ چابی مکرر عطا فرمائی اور دیگر فرائض کے متعلق بھی موروثی لوگوں کی تلاش کا ذکر ملتا ہے۔ اس سے میری ناقص رائے میں یہ استنباط کیا جاسکتا ہے کہ ہجرت کے بعد اولاً رسول اکرم ﷺ اپنے کو شہری مملکت مکہ کا بالاستحقاق (Dejure) حکمران سمجھتے رہے، چاہے مشرکین ہی واقعے کی حد تک (Defacto) اس پر مسلط رہیں۔ فتح مکہ کے بعد یہ دونوں امور رسول اللہ ﷺ کے ہاتھ میں آگئے اور اسی کی طرف قرآن مجید (۸:۳۰تا۳۴) میں واضح ذکر ہے کہ

وَاِذْ یَمْکُرُ بِکَ الَّذِیْنَ کَفَرُوْا لِیُثْبِتُوْکَ اَوْ یَقْتُلُوْکَ اَوْ یُخْرِجُوْکَ ؕ وَیَمْکُرُوْنَ وَیَمْکُرُ اللّٰہُ ؕ وَاللّٰہُ خَیْرُ الْمٰکِرِیْنَ ()وَاِذَا تُتْلٰی عَلَیْهِمْ اٰیٰتُنَا قَالُوْا قَدْ سَمِعْنَا لَوْ نَشَآءُ لَقُلْنَا مِثْلَ ھٰذَآ ۙ اِنْ ھٰذَآ اِلَّآ اَسَاطِیْرُ الْاَوَّلِیْنَ () وَاِذْ قَالُوا اللّٰهُمَّ اِنْ کَانَ ھٰذَا ھُوَ الْحَقَّ مِنْ عِنْدِکَ فَاَمْطِرْ عَلَیْنَا حِجَارَةً مِّنَ السَّمَآءِ اَوِ ائْتِنَا بِعَذَابٍ اَلِیْمٍ ()وَمَا کَانَ اللّٰہُ لِیُعَذِّبَهُمْ وَاَنْتَ فِیْهِمْ ؕ وَمَا کَانَ اللّٰہُ مُعَذِّبَهُمْ وَھُمْ یَسْتَغْفِرُوْنَ ()وَمَا لَهُمْ اَلَّا یُعَذِّبَهُمُ اللّٰہُ وَھُمْ یَصُدُّوْنَ عَنِ الْمَسْجِدِ الْحَرَامِ وَمَا کَانُوْٓا اَوْلِیَآءَهٗ ؕ اِنْ اَوْلِیَآؤُهٗٓ اِلَّا الْمُتَّقُوْنَ وَلٰکِنَّ اَکْثَرَھُمْ لَا یَعْلَمُوْنَ ()

ضمناً یہ بھی یاد دلا دوں کہ حکومت تو خدا کی ہے اور اسی نے زمین میں ہمیں نائب بنایا ہے، اسی لیے اسی کے احکام نافذ کرنا ہمارا فریضہ ہے۔

والسلام علیکم ورحمت اللہ وبرکاتہ

سوالات وجوابات

برادران کرام!خواہران محترم!السلام علیکم ورحمت اللہ وبرکاتہ!

کچھ سوالات آپ کی طرف سے آئے ہیں، اپنی بساط کے مطابق جواب دینے کی کوشش کرتا ہوں۔

سوال ا: آپ نے کہا کہ بیت المعمور سے اگر ایک پتھر پھینکیں تو کعبہ کی چھت پر گرے گا۔ جدید علم کی روشنی میں زمین متحرک ہے اس لحاظ سے کعبہ کا مقام بیت المعمور کے لحاظ سے (Relatively) تبدیل ہوتا رہے گا۔ وضاحت فرمائیں۔

جواب: غالباً آپ نے میرے اشارے کے چند الفاظ پر توجہ نہیں دی۔ میں نے یہ بھی کہا تھا کہ یہ ایک دوسرے عالم کی چیز ہونے کی وجہ سے ہماری دنیا کی چیزوں سے مختلف ہے۔ اسے ہم بطور رمز یا علامتی (Symbolic) انداز میں سمجھ سکتے ہیں۔ سمجھانے کا یہ انداز اس لیے اختیار کیا گیا کہ اہل زمین کو زمینی چیزوں کے مطابق سمجھایا جا سکے۔ دوسرے عالم کی چیزوں کو زمینی اساس پر ہم معلوم نہیں کر سکتے۔

دوسری چیز میں آپ سے مزاحاً پوچھوں گا کہ اگر زمین متحرک ہے تو آپ کیوں فرض کر لیتے ہیں کہ آسمان متحرک نہیں۔ اگر آسمان بھی اسی طرح گردش کرتا ہے تو اس کی جگہ میں کبھی فرق نہیں آتا۔ بہر حال اس کے متعلق سوائے اس کے میں کچھ کہنا نہیں چاہتا کہ حدیث شریف میں اس کا ذکر آیا ہے۔ اس کو اگر رمز کے طور پر (Symbolic) لیں تو ہم اس سے استفادہ کر سکتے ہیں۔ آج کے علم میں ہو سوال کریں تو ہمیں کل کا کوئی علم اور چیز بیان کرے گا۔ اس لیے ہمیں اپنے اضافی (Relative) علوم کی اساس پر ان روحانی حقائق اور عالمی بالا کی چیزوں کو نہیں جانچنا چاہیے۔

سوال ۲: آپ نے ابھی اپنے لیکچر میں بتایا ہے کہ حضور ﷺ حضرت بلالؓ کو اذان سکھائی اور یہ بتایا کہ کن لفظوں کو کھینچ کر ادا کرنا چاہیے اور کن لفظوں کو اختصار سے، اس طرح موسیقی کے سر بتائے۔ اس بیان کی روشنی میں وضاحت کریں کہ موسیقی کی اسلام میں کس حد تک گنجائش ہے؟

جواب: یہی نہیں اور بہت سی باتوں سے معلوم ہوتا ہے کہ موسیقی کی اسلام میں ممانعت بالکل نہیں ہے اگر ممانعت ہے تو اس بات کی کہ مثلاً نماز کے وقت موسیقی کا شغل جاری رکھا جائے یا اس کا منشا ایسی تفریح ہو جو اخلاقی نقطہ نظر سے بری سمجھی جاتی ہے۔ میں آپ کو کچھ مثالیں دیتا ہوں جن سے یہ ظاہر ہو گا کہ فی نفسہٖ موسیقی کی ممانعت نہیں ہے۔ ایک دن رسول اللہ ﷺ نے ایک نکاح کی دعوت سے واپس آکر حضرت عائشہؓ سے فرمایا کہ اے عائشہ! آج میں تمہارے خاندان کے ایک فرد کی شادی میں گیا تھا، مگر وہاں کوئی موسیقی نہیں تھی، یہ کیسی بات ہے؟ یعنی رسول اللہ ﷺ فرماتے ہیں کہ نکاح کے سلسلے میں موسیقی کی ضرورت ہے۔ ایک اور مثال دیتا ہوں، یہ حجۃ الوداع کے زمانے کا واقعہ ہے۔ رسول اللہ ﷺ "منیٰ" میں مقیم تھے۔ حضرت عائشہؓ فرماتی ہیں کہ وہاں میرے خیمے کے اندر جہاں رسول اللہ ﷺ لیٹے ہوئے تھے اور چہرے پر چادر ڈال کر آرام فرما رہے تھے، میرے پاس چند لڑکیاں دف بجا رہی تھیں۔ اتنے میں حضرت ابو بکرؓ رسول اللہ ﷺ سے ملنے کے لیے آئے اور ان لڑکیوں کو ڈانٹا، یہ کیا شیطانی کام ہے، جاؤ نکلو یہاں سے، رسول اللہ ﷺ جو سوئے ہوئے نہیں تھے، سر اٹھاتے ہیں اور کہتے ہیں اے ابو بکر! یہ عید کا دن ہے۔ دوسرے الفاظ میں اس کی کوئی ممانعت نہیں ہے بلکہ اس کے برخلاف ہونا چاہیے۔ اسی طرح ایک اور عید کے سلسلے میں مدینہ منورہ کا واقعہ ہے۔ غالباً ۲ یا ۳ھ یعنی بہت ہی ابتدائی زمانے کا واقعہ ہے۔ حضرت عائشہؓ فرماتی ہیں عید

کے دن رسول اللہ ﷺ کے مکان کے سامنے کچھ شور سننے میں آیا۔ رسول اللہ ﷺ اٹھے، دیکھا کہ کیا ہے؟ میں بھی اٹھی تا کہ اس تماشے کو دیکھوں۔ مدینہ منورہ میں حبشیوں کی ایک آبادی تھی۔ عید کے دن یہ لوگ خصوصاً نوجوان حبشی مدینے کی گلیوں میں سے گزرتے اور اپنے نیزہ بازی کے کرتب ہر مکان کے سامنے دکھاتے اور مکان والا یقیناً انہیں ان کو کچھ نہ کچھ دیتا۔ آپ ﷺ نے ان حبشیوں کو روکا نہیں بلکہ حضرت عائشہؓ کہتی ہیں کہ مجھ کو دکھانے کے لیے بلا لیا۔ تھوڑی دیر کے بعد پوچھا عائشہ! بس دیکھ چکیں؟ میں نے کہا نہیں، ابھی اور دیکھوں گی، ٹھہر جایئے۔ حضرت عائشہؓ کہتی ہیں کہ بالآخر جب میں خود ہی تھک گئی تو میں اندر چلی گئی۔ ان حبشی بچوں کے بارے میں ایک اور بات یاد آگئی، عرض کیے دیتا ہوں۔ جب رسول اللہ ﷺ ہجرت کر کے مدینہ پہنچے۔ لوگ "قبا" میں آپ ﷺ کا انتظار کرتے رہے۔ روایت ہے کہ مدینے کی ساری آبادی، کیا مسلمان، کیا غیر مسلم، اپنی مہمان نوازی کے اظہار کے لیے استقبال میں شریک تھی۔ یہ حبشی لڑکے بھی دوڑے ہوئے آئے اور اپنے نیزہ بازی کے کرتب رسول اللہ ﷺ کے سامنے دکھانے لگے۔ اس سے ان کی فراخ دلی اور وسیع القلبی کا مظاہرہ ہوتا ہے چنانچہ رسول اللہ ﷺ بھی ان لوگوں کا تالیف قلبی کیا کرتے تھے اور ان سے محبت سے پیش آتے تھے اور غالباً ان کی مالی مدد بھی کیا کرتے تھے۔ اسی طرح موسیقی کے سلسلے میں آپ ایک اور چیز بھی دیکھئے۔ قرآن مجید کی تلاوت بھی موسیقی ہی کی ایک شاخ ہے۔ رسول اللہ ﷺ کے احکام ہیں کہ قرآن حکیم کو معمولی نثری عبارت کی طرح نہ پڑھو کہ ڈھول اڑانا سمجھا جائے بلکہ خوش الحانی سے پڑھو اور یہ بھی فرمایا کہ اللہ نے کسی غنا، کسی گانے کی اجازت اتنی نہیں دی ہے جتنی قرآن مجید کی اچھی آواز سے تلاوت کرنے کی اجازت دی ہے۔ ایک دوسری حدیث یہ ہے کہ خدا کسی گانے کی آواز پر اتنا کان نہیں

دھرتا جتنا قرآن مجید کی اچھی تلاوت کرنے پر اپنے کان لگاتا ہے۔ غرض یہ کہ موسیقی کی کوئی اصولی ممانعت نہیں ہے، بشرطیکہ موسیقی کا مقصد اچھا ہو اور اس سے ہماری مذہبی عبادت میں کوئی حرج واقع نہ ہو۔ اگر مزید تفصیل درکار ہو تو امام غزالی کی کتاب "احیاء العلوم" کو دیکھئے۔ اس میں ایک پورا ضخیم باب اس موضوع پر ہے۔ وہ تفصیل سے بتاتے ہیں کہ اسلام میں موسیقی اور گانے کی کیا حیثیت ہے۔

سوال ۳: مرحوم کی قل خوانی اور چہلم کے متعلق آپ کا نظریہ کیا ہے؟ یہ شرعی حکم ہے؟ آنحضور ﷺ اور خلفائے راشدین کے حوالے سے اس رسم کا کوئی ذکر آیا ہے؟

جواب: میں عرض کروں گا کہ اگر کسی کی وفات کے تیسرے دن، دسویں دن، چالیسویں دن ہم کچھ کرنا چاہیں تو وہ کام یہ ہونا چاہیے کہ قرآن مجید کی تلاوت کریں اور اس کا ثواب متوفی شخص کو پہنچانے کی اللہ سے دعا کریں۔ اس میں کوئی امر مانع نہیں ہے، چاہے ہر روز کریں، چاہے ہر سال، چاہے ابتداءً متعدد بار کریں، کوئی امر مانع نہیں ہوتا اور میرے مرنے کے بعد اگر آپ میرے لیے بھی دعا کریں تو میں آپ کا ممنون ہوں گا۔

* * *

تقریباً دو صدی قبل کا تحریر کردہ سفرنامۂ حج

شیفتہ کا سفرنامۂ حجاز

مصنف: نواب مصطفیٰ خان شیفتہ

بین الاقوامی ایڈیشن منظر عام پر آچکا ہے